新 訂 乳児保育の実際

その子との
コミュニケーションをとおして

NPO法人 コダーイ芸術教育研究所 著

明治図書

私たちがめざす保育は，大人が子どもの人格を認
めた上で，その子どもとのコミュニケーションを
通して行われる援助の連続と発展です。

（羽仁協子）

はじめに・・・・・・・・・・・・・・・・・・・・・・・・・・・・・・・・

　私たちが乳児保育，やがては幼児保育の内容について改革を始めたきっか
けは，"子ども達にわらべうたを返して"誰の中にもある音楽性から音楽教
育を始めようということでしたが，乳児のクラスでも「生活のうた」で一斉
保育が行われている中で，音楽だけを変えることはできませんでした。

　保育内容の改革は，ハンガリーの保育理念・実践に学びながら，「子ども
の尊厳を守る」「一人一人を大切にする」「個人的に接する」，そしてそれを
実現するために必要な保育者としての知識，「育児担当制」「流れる日課」な
どの方法も手に入れて，おおぜいの保育者の努力と実践に支えられて乳児保
育の現場を変えてきました

　保育室の空間をつくり，子どもが落ち着いて過ごせる日課を考え，子ども
が自ら遊べるような遊具や道具を揃えて保育の環境を整えるようになりまし
た。食事の内容や食器も変わりました。トイレは各部屋に付属している，午
睡にはベッドを使う，子どもに見合った家具を特注して作ることも特別なこ
とではなくなりました。

　育児の担当制・流れる日課を実践することで子どもの世話の仕方も格段に
変化しました。40年余りの様々な実践を経て，かつての乳児保育を知らない
若い人たちには，"まだ，歩行しない子どもは，一人一人抱いて食事をさせ
る，オムツを交換する，トイレで排泄する時も１人の子どもを世話をする"
ことが，育児の常識になりました。

　生活の環境，必要な遊具や道具等々が揃ってくると，子ども達は自ら遊び

始めて，遊ぶことによって子ども自身が自らを発達させているという遊びの意味を，より深く実践の中で理解しました。

　幼い子どもは大人の世話なしには生きていけない存在ですが，同時に"主体"として，部屋の環境，保育者や子どもの声，運ばれてくるワゴンの音，保育者同士の調和や不調和，誰がトイレに行ったか，自分の食卓が準備されていること等々の周りからの刺激や環境に影響されながら存在しています。何らかの刺激や働きかけ"問い"に対して，ことばはなくても表情，体の動きで必ず"答えて"，一緒にやっていこうとしている子どもの姿があります。

　それに注目することができれば，子どもの行為やことばの意味に理解が及びます。保育者の感情が伝わりコミュニケーションが生まれ，愛されていることを実感します。保育者の膝でゴロゴロしたり，抱っこされている子がいても，背中で愛情を感じながら安心して遊んでいられます。

　クラスという集団生活の中で，１人の人としてコミュニケーションをもって向き合うことが子どもを"主体"として存在させ，みんなの中の１人ではなく，一人一人の子ども達が"クラス"を成立させていることも理解しました。

　人としての尊厳を認めてほしいという人間の本質的な願いを認めるところから，子どもにとって保育者は世話をしてくれる人であり，生活の場を共有している"同居人"の関係でもあり，保育は子どもと保育者の共同行為によって成立しているということにたどりつきました。

　子どもの人格を認めた上で子どもと向かい合う保育の内容は，どのようにしたらよいか，これまで積み上げてきた多くの実践に学んだことを，『新訂 乳児保育の実際―その子とのコミュニケーションをとおして』としてまとめました。

　　2023年４月５日

　　　　　　　　　　　　コダーイ芸術教育研究所　　和地由枝

目次

4

第❸章　保育の実際 … 59

🎁 保育環境を組織する　60

第❹章　育児について … 93

🌱 育児の課題　94

🌱 育児の種類と段階　94

🌱 育児の実際　97

第 **8** 章　保育園と家庭の協力 … 185

1 子どもと家庭を知る書類と機会　186

2 家庭とのコミュニケーション　187

第 **1** 章

乳児保育
について

1 保育園の役割

（1）保育所の役割

ア　保育所は，児童福祉法（昭和22年法律第164号）第39条の規定に基づき，保育を必要とする子どもの保育を行い，その健全な心身の発達を図ることを目的とする児童福祉施設であり，入所する子どもの最善の利益を考慮し，その福祉を積極的に増進することに最もふさわしい生活の場でなければならい。

イ　保育所は，その目的を達成するために，保育に関する専門性を有する職員が，家庭との緊密な連携の下に，子どもの状況や発達過程を踏まえ，保育所における環境を通して，養護及び教育を一体的に行うことを特性としている。

ウ　保育所は，入所する子どもを保育するとともに，家庭や地域の様々な社会資源との連携を図りながら，入所する子どもの保護者に対する支援及び子育て家庭に対する支援等を行う役割を担うものである。

エ　保育所における保育士は，児童福祉法第18条の４の規定を踏まえ，保育所の役割及び機能が適切に発揮されるように，倫理観に裏付けられた専門的知識，技術及び判断をもって，子どもを保育するとともに，子どもの保護者に対する保育に関する指導を行うものであり，その職責を遂行するための専門性の向上に絶えず努めなければならない。

〈保育所保育指針「第１章総則」１　保育所保育に関する基本原則」
2018.4 より抜粋〉

保育園の役割は，仕事やその他の理由で家庭から預かった子どもが安心して過ごせる保育環境の中で精神的，身体的な必要性を充足させることと，その経過を通して，一人一人の子どもの人格の発達と成長の手助けをすること，延いてはそれを以て親達の生活（人生）を支援していくことです。

　昭和40年に策定された「保育所保育指針」は平成28年の「児童福祉法」の改正によって，子どもを権利の主体として位置づける児童福祉の理念を明確にしました。

　また，子どもについて「総則」では「子どもを一人の人間として尊重」することと，「子どもの主体としての思いや…」「一人一人の子どもが，周囲から主体として受け止められ，主体として育ち，自分を肯定する気持ちが育まれていくようにする。」と，繰り返し示されています。

　小さければ小さいほど世話が必要で，大人に依存しながら育っていく関係の中で，「子どもを人として尊重する」ことから出発して，子ども自身が自ら育とうとする力と共同しながら発達を助けることを基本にして，日々の保育に実現することだと思います。

2 乳児保育の課題

　乳児保育者の課題は，大きく4つに分けられます。
　　①感覚運動機能発達を援助すること
　　②遊ぶことを通して，様々な能力の発達を援助すること
　　③生活習慣の自立性を形成すること
　　④ことばとコミュニケーション能力を発達させること

3 乳児保育の特性

　乳児保育の課題を内容として組織をするために，乳児保育の特性として考えられることがあります。

❶ 養護と教育が一体的に行われる

　まだ生活すべてが学びの場で，学びながら生活し，生活しながら学んでいることが乳児期の特徴です。

　乳児保育の難しさは，毎日何度となく繰り返されるオムツを交換することや食事の介助などたくさんの世話を必要とする現実と，子どもの人格を尊重することの折り合いをつけることですが，でも，よく見れば抱かれて食事をしている子もスプーンで口に運ばれた食べ物を自ら口をあけて取り込みます。食べたいものを指さし，好まないものは顔をそむけ舌で押し出します。ことばはなくても表情や動きで反応して，食事の間中，保育者とのコミュニケーションを絶やさないのです。

　世話を受けながらも，自分で食事をしています。

　子どもの自発的行為と表れを注意深く見守って共同しながら，世話を必要とする子どもへの援助を通して，1人の人間としての成長と発達を助けていく。子どもがしようとすることを代行するのではなく，していることを尊重してもらいながら援助されることによって，自立していきます。育児をする中に教育が存在します。

❷ 運動機能の発達から始まる

　保育園生活の中で保障されている遊びの時間，育児の時間というのは，運動発達のための時間でもあり，もちろん同時に知的な能力を発達させる場でもあります。

　生後，すべての移動を大人に委ねていた子どもが，腹ばいになって顎を上げ，両腕で体を支え，ハイハイをして移動するようになると遊具に手を伸ばしてつかんだ物を口に入れる，座れるようになると手を使って物をいじる，容器に入れる，移し替える，物同士を両手を使って打ち鳴らす，並べる，分ける，同じ物を探す，立てるようになると暫くは立つことを繰返し試す，何かにつかまって横歩き，大きな箱に入ったり出たりを繰り返す，体の自由を獲得して何かに注目することができ遊びが続く，歩き始めると物を押して移

動する，物を手に持って移動する……。順次，獲得した運動機能が統合されて，子どもは自分の体を支えて立って，歩行するようになります。

　この間，運動発達と知的発達は，同時に発達していきます。運動発達と同時に発達していく知的発達とは，観察力とか，記憶力，創造力，思考力，認識能力，そしてことばの発達，などがあります。当然，運動発達によって食事をする，衣服等の着脱，排泄なども並行して進歩していきます。

　遊びの中で，もしくは育児の中で，発達の軸は"運動"です。

　自立して活発に動くこと，自由に動くことは，生まれた直後からとても大切な意味をもっています。自分がどこに行きたいのか，自分はあっちに行きたいのだからあっちに動くのだとか，自分で自由に動けるということは，自我も発達させていきますし，知的な発達にも影響を与えていきます。

　保育者は，遊びの中で子どもの自由な運動を保障するだけではなく，育児の中でも，オムツの交換とか，食事とか，子どもが自由に動ける場を提供していく必要があります。例えば，抱き方1つでも，赤ちゃんの手，足が自由な状態であること。おむつを交換する時でもそうですし，子どもが体を充分に動かせる食卓の配置，周りを移動することのできる運動遊具の配置など。

　遊具も，子ども達が何を必要としているか，種類と量，サイズや材質はどんな物がよいかを選択するには，運動能力に注目することが必要です。

　子どもはその時にもてる力を使って，次の段階へと練習を積み重ねています。歩き始めでまだ平衡感覚が充分に発達していない時期には，しゃがんで積木や小さな人形，ブロック等を長く並べます。自分の体をしっかりと支えて両腕が上げられるようになると，立って大きめの積木を塔のように高く積み，積んだものを崩すことを何度も繰り返します。テーブルの上に遊具を置いて立って遊ぶことや，棚や台の上に遊具を並べることなど，自分の体を支えて立って，両手を使って遊ぶことを練習しているのです。食事の時の食べ方やスプーンの持ち方も椅子に座って体を維持すること，両腕が上がること，手首が回るようになった時の精一杯の行動です。運動発達の視点から子どもの行動を理解すれば，何を援助するか見えてきます。

こうした活動を通して得た運動能力と知的能力をもって，子ども達は次へ
の階段を登ります。

著しく運動機能が発達する乳児期は，保育環境の条件（保育室の空間，道
具・遊具等）について，運動機能の面から考えることが必要です。

❸ 子どもと保育者は共同している

幼児にも共通することですが，まだ未熟で大人の援助を必要とする子ども
も一方的に世話をされているだけでなく，行為に反応し参加しています。

子どもはクラス空間を共有していて，環境やそこにある刺激に何らかの反
応をしながら生活しています。保育はどんな瞬間も子どもの行為との共同に
よって行われ，そこから子どもは様々なことを学習します。

❹ 保育者の専門的知識（知識・技術・組織する）
（1）保育者が指導すること

保育は子どもとの共同で行われるのですが，主導するのは保育者です。何
を保育者は主導するのでしょうか？

例えば"手を洗う"ことは，保育者に手を洗ってもらうことを通して，で
きることから子どもは参加し，やがて部分行為が統合することによって手を
洗えるようになります。

「洗い方の順序」と「何から子どもは習得するか」を知っている保育者が，
子どもの自発的行為に共同して自立を助けることができます。

保育者は「発達心理学」を主として沢山の専門的知識が必要です。

自立した保育の仕事をするために改めてより確かな知識と子どもの世話に
必要な技術が，できていることを支え，次に教えることが見えてきます。

人は生まれてからどのように成長していくのか，乳幼児期の子どももその
経過の中に存在する１人です。

子どもの行為を知るために，子どもの観察をすることがありますが，観察
をして，子どもの行為から分析したことを聞くと，９割は"できた，できな

い”と評価をします。“発達に合っているかいないか”探しは，子どもの行為そのものに注目して観察することを難しくします。

　スプーンをわしづかみにして食べるのはまだ腕が上がらず，腕と手指の運動が統合されていないから。かろうじて立てるようになった子が台に置かれた遊具を手の平で払いのけ落とすのはやっと立てて緊張している体で，遊具をつかめないので払いのけたのです。部屋の真ん中で人形を抱くようにして寝ころんでいるのは母親のように添い寝を再現しているのです。どれも“駄目よ！”と言いたい場面ですが，どの行為にも理由があります。発達段階に子どもを合わせるのではなく，成長のど真ん中にいる子どもの内面的な動きや行為に注目し理解することが，次の段階に進んでいく援助へとつながります。

　「運動機能の発達」「認識過程」「摂食機能の獲得」「生活習慣の形成」「食事の仕方」「排泄の自立」「衣服等の着脱」等々について，子どもの行為・活動の中に，普遍的な「人間の発達の過程」の全体像と経過があります。知識を本に置きっぱなしにしないで，子どもと向き合う保育の現場で使えるようにすることが保育者の仕事を助けます。

　そして，保育に必要な知識を保育者として実現するのは，技術の習得です。

　かつては，家族の中で弟妹の世話をすることが当たり前にありましたし，どこの職場にも理に叶った育児をする“お姉さん保育者”がいて，育児の仕方を教えてもらったり，真似をすることで，次の世代へと育児の技術が伝えられていました。昨今は人から人へと伝える環境がなくなり，実習先で初めて赤ちゃんの抱き方を教えられたという保育専門学校生も珍しいことではありません。

　子どもは，生活の中で様々な世話を受けながら，食べることや衣服の始末や身体を清潔にすること学んで，やがて自分でするようになります。

　子どもが生活をする中で学んでいくこと，生活習慣の形成は部分行為がつながって統合されることによって習得します。

保育者は知識と共に，それに伴った実際に使える保育技術，子どもの抱き方，手をつないで歩くことから，食事のさせ方，排泄に関すること，睡眠を助けること等々について，世話する手順を習得し，自動化することが必須です。

　どこに向けて形成するのか，獲得していく経過を知っていれば，部分行為を積み重ねる過程を，子どもと共同して統合に至ることが可能です。

　知識に基づいた技術をもつことは，子どもへの理解を深め，子どもとの民主的な関係を結ぶことを助けます。子どもも自身の成長を感じながら世話を受けることができます。技術をもってこそ愛が伝わります。

　美容院で慣れない新人の洗髪は間が空いて時間が掛かりますが，一気に手際よく仕上げるベテランと，洗髪の手順は同じです。「子どもの抱き方」「手のつなぎ方」「食事の準備」「食事のさせ方」「排泄」「寝かせ方」「衣服等の着脱」……等々，子どもを世話する"保育の技術"（子どもが学んでいくことでもある）を自分の中に確立することが，リーダーシップの姿勢にもつながります。

（2）組織すること

　年度始めの赤ちゃん組で，泣いている子をとにかく慰めたい"親心"から，泣いている子を抱けるだけ抱いている保育者の周りには，抱っこされなかった子達が泣いている状況によく出くわします。誰とも信頼関係がない子が抱っこされた子を見たら…自分も抱っこされたいと泣くのは当然です。

　必要な子にはいつでも抱っこしたり慰めたりすることができ，誰かが抱っこされていることが他の子に負の感情を引き起こさないですむにはどうしたらよいでしょうか。保育者は親の代行にはなれないので，全力を挙げて母親ではないけれど，子どもに信頼される大人になるしかありません。"家じゃないけどここにいて大丈夫，お母さんじゃないけれど，この人がいればいられる"と子どもが受け入れてくれる信頼関係を結ぶことだと思います。未満児でも，自分が向き合って世話をされている子は，他の子が世話をされるの

を受け入れる場面を何回も見ています。子どもは理解するのです。

　保育園は複数の子どもと複数の保育者で構成されています。保育をする環境や条件を組織することなしに子どもの安全と発達を保障することはできません。実際の仕事になるように子どもの過ごす場所や生活の仕方などについて組織することが必要です。

　それは，子どもにとっても分かりやすい居場所になるはずです。

　また，いざ実践しようとすれば，条件が揃ってない現実があるからです。計画をすれば事前に工夫をしたり条件を整備することができるかもしれません。

第2章

保育の仕事

1 計画

　保育の仕事は，もって生まれた人間としての成長の仕組みにそって，それぞれの子どもの成長を援助し発展をさせることだと思います。

　クラスという枠の中で，それぞれの子どもの生活と成長を援助することを可能にするには保育内容の計画を立てて，見通しをもちます。

　より良く保育を進めていくためには，計画をすること，計画したことが実際にどのように実施されているのか記録をすること，それらのことを点検し評価することがつながって，計画が自分の仕事を支えるものです。

　書類を作る際は，何よりも保育者の仕事の内容を深め，保育者同士，園長と保育者間の協同の実現，更には役所に対しても「保育の内容・レベル」をより理解してもらえるような簡潔な書類を作ることが必要だと思います。

❶ 計画の種類
（1）クラスの概要

　役所の書類から始まり，面接や提出された書類によって，それまでに分かっている条件を考慮して，クラスとしての年間計画を立てます。

　年齢的な特徴によりどんな1年間が予想されるでしょうか。運動の可能性，日課，担当は持ち上がりを基本にして，誰がどの子を担当するのがよいかなどについて話し合い，1年間の経過を想像してクラスの構想を考えます。

・子どもの人数と月齢（年齢構成・各月の子の人数→年度末の年齢構成）
・保育時間（何時に登園するか，夕方の人数等）
・担任（新人・経験者）援助に入る保育者の役割・関係
・部屋の条件（広さ，トイレと部屋の関係，受け入れ・給食の搬入経路，戸外へ出入り），条件によって特別に計画が必要なこと。年齢的な特徴による空間の配慮（安全・運動量等）
・保護者との連携（受け入れ，連絡方法，懇談会など）

・クラス・保育者の課題（例えば，一人一人の要求に応えた育児の定着。
　美的活動・体験を豊かにすること。新しく導入すること等）
・その他の特筆すべきこと
　園のもつ条件によりますが，おおよそ上記のことについてクラスの運営の
方針を文章化します。

（2）年間計画の作成

　年間の運営方針に基づいて，必要なことは具体的な計画を作成します。
・子どもの担当を決める。副担任を決める
・クラスの日課（4月，育児・季節による変化，Ⅲ期にはどんな日課が予
　想されるかを見通す）
・大人の日課と役割分担（子どもの日課に即して，4月，担当が休んだ時，
　途中で入園した子がいる時）→4月案の計画
・保育室の空間→4月の保育室平面図
・遊びのための計画・遊具のリスト・テーマ
　遊具の在庫リストの点検→Ⅰ期に使う遊具リスト
・美的環境をつくる（壁面の遊具，飾り・受け入れコーナー…）年間の見
　通し
・運動の可能性を広げるための空間つくり・運動遊具（戸外も）
・経験を増やすための計画
　（美的活動・わらべうた・ことば遊び・課題遊びの材料・戸外で）
・保育懇談会（テーマ・方法）
・その他（観察，新人の課題，園内学習のテーマ，研究発表の準備など）
・室内の衛生，遊具の消毒について

（3）期案を立てる（空間，日課，道具）

　年間計画は期に分けて計画をするのが現実的なので，期を見通した案とし
て，保育室の空間，日課の組織，遊具（主立つ遊び・量）を計画することが

でき，変更の必要が生じた場合は何度でも途中で計画を作り直します。

（4）月案

　月案は，日々の保育内容に必要な具体的なこと，また，期案で計画したことをどんなふうにできるか，経験を豊かにする可能性を広げるために何をするか，具体的な仕事を計画します。

・クラスの課題
・特別な注目が必要な子について
・季節の変化によって生じることについての準備（健康，室内の温度，沐浴，プール，散歩）それに伴う日課の変更
・戸外遊びの予定（時間，場所の可能性，遊具）
・新入児のための準備
・懇談会の内容の具体化
・空間の変更
・遊びの計画

　　子どもの遊びの様子から，どんなテーマや遊具を加えたらよいか実際には使わないかもしれないが，具体的な遊具の名前を可能な限り考えます。例えば"台所の遊具を充実する"は計画とは言えません。何を増やしたらよいか，大きさはどれぐらいのが適当か，種類はどうか，購入するか，作る必要があるか。遊びの発展につながることを想像します。

・経験・わらべうた・ことば遊び・お話・課題遊びの計画

　　何をどんなふうにする可能性があるかを様々に考えて計画します。

　　５分でも座って，子どもに何をどのように提供するかを準備することは，保育者の創造性を豊かにします。

・大人の仕事の計画

　　観察のテーマと日程

　　作る物・修理する物（遊具・道具・壁面など）

　　掃除・植物の手入れ

（5）月案から週案へ

　月案はクラス担当者として，保育内容を報告（園長や担任同士）し，計画が実践に反映されて保育者自身の仕事を支える書類です。

　計画したことが実践につながり，先への計画につながるにはどのような工夫があるでしょうか。

①月案のノートに週の欄を作り，頁の右半分に主に「わらべうたやとなえ文句，詩」など実践メモを担当が書く。他の担任も書き込む。

　左半分には日付を入れて，遊具を入れ替えたことなども含めて，保育者の実践について自由に書き入れていく。

②２週目，具体的な実践計画を書き足す。保育者の行った実際をメモをする。思いついたことをメモする。まとめをしない。

③記録されたことから，月案と実践の評価をまとめて，次の月案を作成する。

　園によって計画に関する書類は様々ですが，実践したことに加えて新しい案をメモしておくなど，計画したことを元にして，保育者の創造的な仕事が深めるられる使い方を工夫してください。

２　年間計画のドキュメント【２歳児組の例】(2021年度)

　保育計画の１つの例として，２歳児組のドキュメントを紹介します。

　担当するクラスをどのように運営するかを決めることから「計画」を始めます。期案，月案，週案と進めるごとに，具体的で実現できる内容にします。計画したノートに随時，変更したいことを書き込み，何かアイデアを思いついたらメモをします。計画したことに基づいてまとめをして，次の計画につなげていくかを，記録したものです。

　子どものことに関しては，食事の仕方が１：１から２：１になる見通しによる日課を変更すること等について月案に書きます。

　子どもの発達については，計画をすることはできません。別に個人の「発達の経過記録」や日誌の記録によって，成長を助けていきます。

❶ 年間の計画

●目指すクラス像

①2歳はどのような時期か

・生活習慣が大体身につき，大抵のことは自分でしようとするが不完全
・大人の手伝いを喜んでする
・友達と一緒に経験や体験をすることを喜ぶ
・大人に言われて→大人が見ていれば言われなくてもルールを守れるなど，自分をコントロールできるようになってくる。その事で色々な体験をすることが可能になる
・遊びは，役割遊びまで発達する　など

　　上記のこと，去年のことを引き継いだことなどから健やかに発達していけるクラスを，目指す。
・安定した生活の上に，季節の移り変わりや自分達の成長を感じられる刺激を与え，2歳児らしい経験が楽しめるクラス
・大人も子どももお互いを認め合い，誰もがその人らしく過ごせるクラス

②ルールの意味

　子どもが自由にすることと好き勝手することは違う。社会的生活を送るためには秩序が必要で，ルールを守った上で自由がある。自己中心的な時期だけど誰もが気持ち良く過ごせるように教えていく。

●課題

・子どもをいじらず必要な助けをし，安定した愛着関係をもつ
・年間を通した学習により，子どもの姿から「その子が何をしているのか」を見る目を養う
・子どもに与える環境（主観・客観的条件）すべてについて，その意味を

考え理解する

・計画されたもの以外にも，生活の中で積極的に子どもに美的体験をさせ
る

(個人課題)

S　・遊びの見方を深める。偏見をなくし，どの子のことも深く見つめる

Y　・声をかける前に一度，止まって子どもが何をしているかを見る。肯
定的に

　　・子どもに働きかけた時は，それによって子どもがどんな反応をした
かを振り返ること

O　・基本を身につける。視野を広げ全体を把握する

　　・遊びの見方を知る。観察からの分析の仕方を学ぶ

　　・子どもを観察してから声をかける

●担当

子どもの人数が増えたら，年度途中で副担当を変更する可能性がある。

氏名	イニシャル	担当	副担当	保育時間	土曜日	アレルギー	生年月日	市
S・T	Se	S	Y	標準	×	×	2018.4.3	N
S・N	N	S	Y	標準	×	×	2018.4.10	K
O・T	T	S	O	標準	×	×	2018.5.2	N
O・K	K	S	Y	標準	×	×	2018.5.12	N
T・K	Kl	O	S	短時間	×	×	2018.11.4	N
K・M	M	S	O	短時間	×	×	2018.12.4	N
S・Y	Yu	S	O	標準	×	×	2018.12.1	N
H・S	H	Y	S	標準	たまに	×	2018.12.7	N
S・U	Y	O	Y	標準	×	×	2019.12.5	N
N・K	A	Y	S	短時間	×	×	2019.1.23	N
A・H	E	Y	O	標準	週2	×	2019.2.1	M
N・S	S	Y	O	標準	×	×	2019.2.15	K
S・K	Ko	S	Y	標準	×	×	2019.3.9	N

注（氏名・担当名・市は漢字表記）

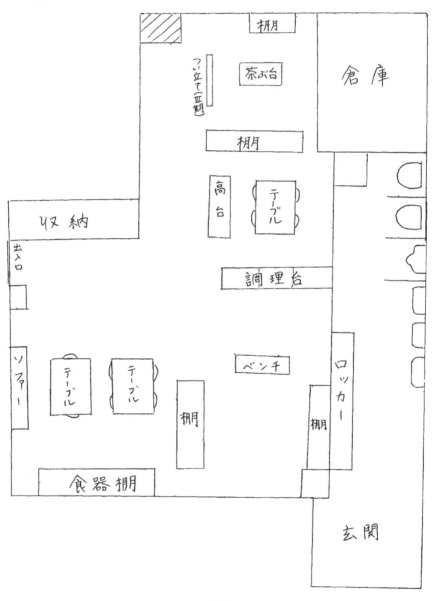

遊び

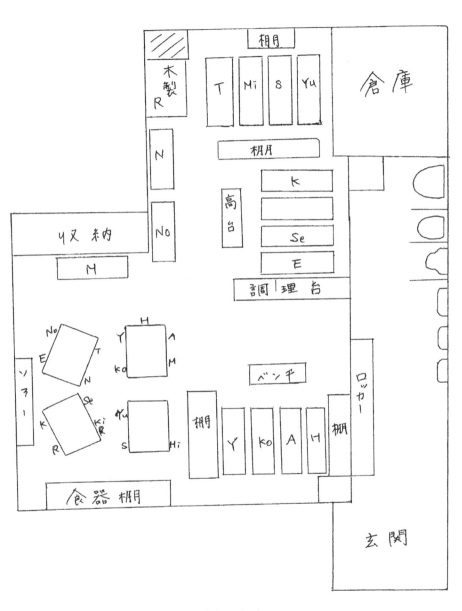

食事・ベッド

●懇談会

年間テーマ：「子どもの園生活を知る」

　去年は1度しか行わなかったので，保護者と担任がお互いを知ることと，子どもがどのように園生活を送っているのかを知ってもらい共に考えていける会にする。

1回目・6月12日

　「2歳児クラスでの過ごし方」

　去年までとは違った生活の様子をVTRや話で紹介をする。

2回目・10月16日（→9/11に変更）

　「一人で遊ぶ・友達と遊ぶ」

　どちらも必要なことで，それぞれの大切さがあることを伝える。

3回目：2月12日

　「色々な経験や体験」

　4月からしてきたことを撮りためたVTRを観せ，子どもの育ちと共に話す。

【全3回共通】

・自己紹介…お互いを知るために，与えられたお題に沿って自分について話す

・ビデオ…それぞれのテーマに沿ったもの

・うた…クラスでうたっているものの紹介

・コミュニケーションも目的の1つとした幼児の遊び

●係

S　計画

　　・カレンダー・室内の植物・庭・出席簿

Y　受入室

O　オムツを畳む，テイシュを畳む

●学習

　学習の方法は，クラス単位よりも個人で進めた方が成果につながるので，今年もその方法をとる。

Y　・育児の実習⇒育児の自己分析→課題を自分で見つける（去年から引き続き）

　　・遊びについての，実践を通した学習。詳しくは月案で立てる

O　・今年はすべての基本をしっかりと身につける。実力と課題が不明なため，学習計画は月案で立てる

　　・Y担当の受入室の雰囲気のつくり方とその空間を感じる人を見て，美的環境について学び，期の総括に記す

S　・子どもを深く理解するために月に１度観察をする

　　・クラスの状態を理解するために必要に応じて観察をする

　　・Rのこともあるため，発達の順序性を復習し，よく見ていけるようにする

●日課　食事ワゴン10：50 / 14：40

年間を通して子どもの入れ替えが予想されている。担当する子どもの人数によって変更する可能性有。

時	子ども	S (7:00〜15:30)	Y (9:00〜17:30)	O (10:00〜18:30)
7		00 朝の仕事		
	順次登園／遊び	↓ 受け入れ／遊びを		
	↓	↓ 　　　　見る		
8	↓	↓ ↓		
	50 水分補給↓	50 水分補給　↓		
9	00 　↓	00 伝達をする　↓	00 入室，伝達を受ける	
	排泄	必要な子の排泄	必要な子の排泄	
	↓	外遊びに誘う	遊びを見る	
	外遊び ↓	外遊びを見る	外遊びに誘う	
	↓	↓	外遊びを見る	
	45 入室，遊び	45 室内に誘う		
	↓ ↓	遊びを見る	↓	
10	00 ↓	00 伝達をして休憩	室内に誘う	
	排泄 ↓		00 遊びを見る	00 入室，伝達を受ける
	↓ ↓	15 入室		必要な子の排泄
	↓ ↓	必要な子の排泄	必要な子の排泄	遊びを見る
	↓ ↓			↓
	↓ ↓	遊びを見る	遊びを見る	↓
	↓ ↓	↓	↓	↓
	排泄 ↓			↓
	↓ ↓			50 担当児　排泄
	↓ ↓	55 食事準備	↓	
11	↓ 食事↓ 　午睡	00 担当児　排泄	↓	00 食事-午睡
	↓ ↓ ↓ ↓		↓ （ベッド敷）	↓
	↓ ↓ ↓ ↓	20 食事-午睡	20 担当児　排泄	25 午睡を見る
	↓ ↓ ↓ ↓	↓		↓ （ベッド敷）
	↓ ↓	↓	35 食事-午睡	↓
	↓ ↓		↓	↓
	↓	50 排泄回りの片付け		↓
	↓	（食事回りの片付け）	55 食事回りの片付け	↓
	↓	↓		↓
12	↓	00 休憩	00 休憩	↓
	↓	↓	↓	↓
	↓	↓	↓	↓
13	↓	00 午睡を見る／手仕事	00 午睡を見る／手仕事	00 休憩
	↓	↓	↓	↓
	↓	↓	↓	00 手仕事
	↓	↓	↓	↓

時	子ども	S (7:00~15:30)	Y (9:00~17:30)	O (10:00~18:30)
14	↓	↓	↓	↓
	↓	↓	↓	↓
	30 ↓目覚め	30 排泄に誘う	30 排泄に誘う	30 排泄に誘う
	↓排泄　遊び	↓　遊びを見る	↓　遊びを見る	↓　遊びを見る
	↓　↓　　↓	↓　　↓	↓　　↓	↓　　↓
15	↓　↓　　↓	↓　（シーツを	↓　（シーツを	55 食事準備
	00 食事↓　↓	↓　　洗たくへ）	↓　　洗たくへ）	00 担当児食事
	↓　↓　↓	03 担当児食事	↓　　↓	00　　↓
	↓　↓　↓	↓	05 担当児食事	↓
	↓　↓　↓	↓	↓	15 休憩
	↓　↓	20 遊びを見る	25 食事回り片付け	↓
	↓	↓	30 遊びを見る	30 入室，伝達を受ける
	↓	30 伝達をして退室	↓	必要な子の排泄
	↓		必要な子の排泄	遊びを見る
	↓		遊びを見る	外遊びに誘う
	↓		外遊びに誘う	外遊びを見る
16	順次降園		外遊びを見る	↓　　引き渡し
	↓　↓		↓　　引き渡し	↓
	20 入室，遊び　↓		室内に誘う　　↓	20 室内に誘う　　↓
	↓　↓		必要な子の排泄　↓	遊びに誘う　　↓
	排泄　↓　↓		遊びを見る　　↓	↓
	↓　↓　↓			必要な子の排泄↓
17	↓　↓		00 伝達／夕方の仕事	遊びを見る
	05 水分補給↓　↓		30 退出	↓　　水分補給↓
	↓　↓			↓　　　↓
	↓　↓			夕方の仕事
18	00 排泄　↓　↓			00 ↓必要な子の排泄
	↓　↓　↓			↓　↓　　↓
	↓			↓　↓　　↓
				30 退室

● 道具

空間	Ⅰ期	Ⅱ期	Ⅲ期
構造	「積木」 保育積木- - - - - - - - - - - - - - - いろは積木- - - - - - - - - - - - - - - 数積木- - - -▶かまぼこ板- - - - - 　　　　　　箱積木- - - - -	 - - -▶　　曲線積木- -	- - - - - - - - - - - - - - - - - - -▶ - - - - - - - - - - - - - - - - - - -▶ - - - - - - - - - - - - - - - - - - -▶ - - - - - - - - - - - - - - - - - - -▶
構造	「車」 赤い車，木の車- - - - - - - - - - -▶	小さい車- - -（入れ替え） 汽車- - - - - - - - - - - -▶	（追加）- - - - - - - - - - - - 電車- - - - - - - - - - - - -▶ 　　（信号，駅は様子見）
構造	「人形」 ゴム動物- - - - - - - - - - - - - - -▶	木の人形- - - - - - - - -▶	（入れ替え）- - - - - - - - -▶
構造	「他」 木の棒- - - - - - - - - - - - - - - - -		- - - - - - - - - - - - - - - - - - -▶ フェルト- - - - - - - - - -▶
台所	「調理器具」 ナベ- - - - - - - - - - - - - - - - - - フライパン- - - - - - - - - - - - - - まな板- - - - - - - - - - - - - - - - スプーン- - - - - - - - - - - - - - -	- - - - -（入れ替え）- - - やかん- - - - - - - - - - - - お玉- -（泡立て器追加）- - 　　　　（包丁追加）- -	- - - - - - - - - - - - - - - - - - -▶ - - - - - - - - - - - - - - - - - - -▶ （しゃもじ）- - - - - - - -▶ （トング追加）- - - - - - -▶ 焼き網- - - - - - - - - - - -▶
台所	「入れる物」 ウッドビーズ- - - - - - - - - - - - - チェーン- - - - - - - - - - - - - - - - 小手玉- - - - - - - - - - - - - - - - - 丸フェルト- - - - - - - - -▶丸板- -	 - - - - - - - - - - - - - - - -▶	- - - - - - - - - - - - - - - - - - -▶ - - - - - - - - - - - - - - - - - - -▶ - - - - - - - - - - - - - - - - - - -▶ 細かい材料- - - - - - - -▶
台所	「容器」 ザル- - - - - - - - -（入れ替え）- - - ボウル- - - - - - - -（入れ替え）- - - 皿- - - - - - - - - - -（入れ替え）- - - コップ，カップ- -（入れ替え）- - - 水差し- - - - - - - -（入れ替え）- - - 椀- - - - - - - - - - -（入れ替え）- - - タッパ- - - - - - - -（入れ替え）- - - ボトル- - - - - - - -（入れ替え）- - -	 - - -弁当箱追加- - - - - - - -水筒追加- - - - -	 - - - - - - - - - - - - - - - - - - -▶ - - - - - - - - - - - - - - - - - - -▶ - - - - - - - - - - - - - - - - - - -▶ - - - - - - - - - - - - - - - - - - -▶ - - - - - - - - - - - - - - - - - - -▶ お重追加- - - - - - - - - -▶ - - - - - - - - - - - - - - - - - - -▶
台所	「他」 　　調味料入れ- - - - - - - - - - 　　エプロン，三角巾- - - - -	- - - - -（入れ替え）- ケーキ台- - - - - - - - - -	- - - - - - - - - - - - - - - - - - -▶ - - - - - - - - - - - - - - - - - - -▶ - - - - - - - - - - - - - - - - - - -▶ ミトン，布巾，スポンジ

空間	Ⅰ期	Ⅱ期	Ⅲ期
人形	キューピー----▶ サル----▶外人人形--------- ジルケクマ--------▶ジルケ人形 ブルンミ-------- 動物---(入れ替え)--------	------------- ------------- ------------- メルちゃん--------▶	▶ 軍足人形（着替え）---▶ 赤ちゃん人形------▶
布	布--------- テーブルクロス（入れ替え）------ 布団，枕------ プレイマット------		
バッグ	手提げ------ 巾着，ポーチ----(入れ替え)---- リュック------		
役	スカート------------ はっぴ，甚平，浴衣 大工--- 郵便屋-- デリバリ	-----▶ ------------- ------------- ------------- レストラン-- 美容師- 医者-- ミルク--	着物代わりに ▶ ▶ ▶ ------------▶ ------------▶ ------------▶ ------------▶
描画 （常設の物）	クレヨン------------ 小麦粉粘土-▶	（夏季を除く）-----	▶ ペン------▶
机上	＊発達の様子によって入れ替え， 　予定期間が変わっても構わない。 重ねカップ------------ パズル--(入れ替え)---------- 玉さし（大)-▶ プラステン------------▶ スリット box--ひも通し--型落とし ロット-- 生活カード----- スナップつなぎ---ボタンつなぎ-- ロンディ-------▶ モザイク----▶ ヘキサゴン---	------------- ------------- ロチュラ--チェロナ-▶ パズルボール-▶ --▶メモリ------▶ --------▶ ----▶ ▶ペンタゴン--▶ 組み合わせカード-▶	(小)-▶ ----- -----▶ ドミノ-----▶ ピップ----▶ プリズモ----▶色はし-▶ オクトゴン -▶　　　--▶ サボテンゲーム-▶ バルーンカード-▶

空間	Ⅰ期	Ⅱ期	Ⅲ期
粗大運動	ジュニアブロック----------	----------	----------▶
	リング-----	----------	----------▶
	箱-----	----------	----------▶
	ボール-----▶	----------	フープ-----▶
	ビリボ-----▶	メルちゃん-------▶	
他	つい立て----------	----------	----------▶
			木のつい立て----▶
	マグネットボード----------	----------	----------▶
	コースター-▶　ローラーカップ--	----▶	シロフォン-▶
		ヒモ----------	----------▶
			ベビーカー-------▶

●壁面

月	大壁面	操作	キッチン棚	家	他
4	感触（触れるもの）―花	めくり絵―木		鶏，熊	
5			果物		
6	絵			ビンのハーブ	
7	魚×3			夏の風景	クジラ
8		感触―きのこ			
9	とんがり帽子の子ども達		コップと皿	月のウサギ	ムカデ
10				昼と夜の風景	
11	感触―大根			果物いっぱい	ジャックの家
12	雪だるま	めくり絵―スナップ		ビンのハーブ	
1	感触―みかん		カップとジャム	鳥	
2	りんごの収穫	スナップ生活		猫	
3	感触―花			果物カゴ	吊るし雛

部屋の雰囲気，他の道具との兼ね合いなどを加味し，変更することもある。
新作を作るか購入かを考えていく。

●わらべうた・文学（材料）

【遊びうた】

つめこなんじょ	このこどこのこ	いちばちとまった	ばくさくばくさん
せんべせんべ	げたかくし	だるまさん	うしぬぱん
せっくんぼ	ぜんじゃらぼうじゃら	ひっとりふったり	かえるがなくから
じょうりき		いものにたの	エンドウマメニマメ

【遊ばせあそび】

イッチクタッチク	2階へあがらしてやぎ	このぶたちびすけ	コゾーネロ
オヤユビネムレ	ぎっこばっこ	かれっこやいて	ダイコンツケ

【こもりうた・うた】

ゆうなのき	うちのせんだんのき	ぎっちょぎっちょ	ひとつひよどり
くもはあっぱい	あっとうめたり	やまかじやけろ	あめがじゃんじゃん
なくなくなわらんべ	げっくりかっくり	わたしょわたしょ	あのねおしょうさんがね

【季節のうた】

たんぽぽ	てるてるぼうず	十五夜のおつきさんな
えんやらもものき	たなばたのかみさん	あっとうめたり
うぐいすのたにわたり	ほたるたるたる	かたゆきかんこ
うめとさくらと	ささにたんざく	おんしょうしょう
たけのこめだした	おおなみこなみ	ひなさまこさま

【ごろ合わせ・ことば遊び】

めめぞが3びき	おゆきがとおれば	ばんけばんけふきのとう
いっぷくたっぷく	こんこんこやまの	ひとつひばしでやいたもち
いちじくにんじん	ふなのこはかわへ	こけこっこうのめんどりは
ひとつひとより	ねむのきねむのき	やまとのげんくろうはん

【詩・文学】

ちいちゃな風は	だだっこさん	子どもはいませんか
ミルクをのむと	野菜のスープ	わからんちんが逃げ込んでくる
犬さんがしばかり	雨のねこ	花子さんのお料理
おやすみ赤ちゃん	ひやふやきつねのおうち	女の子とスカート

●経験・体験

生活の中で，２歳児らしい経験をさせていく。

計画以外の些細なことも沢山あるはずなのでできることを増やしていく。

【Ⅰ期】

・給食室の見学

・調理に参加→豆のサヤ剥き→トウモロコシのヒゲ剥き

・梅ジュース作り→飲む

・七夕の飾りを作る→飾る→笹燃やしを見る

・庭のビワを収穫して食べる

・かき氷を食べる

・アサガオを育てる→色水を作る

・キュウリを育てる→食べる

・花壇の手入れをする（Ⅱ期もⅢ期も）→水やり，草取り

・庭にあるブドウの収穫→ジュース作り→飲む

・外でおやつを食べる（Ⅱ期Ⅲ期も）

・水遊びをする

【Ⅱ期】

・ザクロを食べる（庭の）

・きのこを育てる→食べる

・散歩に行く

・落ち葉をはく

・給食室に野菜の切れ端をもらいに行く→スタンプ

・クリスマス会に参加する

【Ⅲ期】

・鏡開き→揚げ餅を食べる・節分を知る

・桃の節句を祝う

・３月，買いものに行く

② 4月案

●新入園児

①S・T　　2018.4.3生マーク（🍎）

イニシャル Se　担当 S ／ 副担当 Y

保育時間　午前 7：50〜午後 6：00

慣らし保育

②T・K　　2018.11.4生マーク（🌳）

イニシャル Ki　担当 O ／ 副担当 S

保育時間　午前 8：30〜午後 4：00

慣らし保育

●新年度の生活

　新しいクラスは玄関から違うので，子どもにとっては進級というよりも保育園が変わったような感覚になる。日課はほとんど変わらないが，空間がかなり変わるのでその機能を初日からしっかり教えていく。在園児は初めの3日間である程度のことをに慣れてもらい，新入園児を迎える形にする（新入園児は2人共，3月末まで他の園に通っていて集団経験がある）。

　大人は，空間が変わったことに惑わされずに子どもをよく見て動くようにする。特に，ワゴンが来てからの時間が慌ただしくなってしまい子どもは敏感にそのことを感じるので，子どものことも大人のことも感じ合い，共同していく。

　まとまって動く外への出入り，順番にする手洗い，男児の立位でする便器，食事コーナーのセッティングとテーブルクロス，全員がコットベッドになる，ということなどが子どもにとっては未経験なこと。1日の中でポイントとなるところで，しっかりと子どもを支えていく。大人の動きについてや過ごし方のルールなどの細かいところに関しては，その都度話して調整していく。

　遊びは，まずは探索が始まるのであちらこちら動き回る。片付けは，初めの頃はそれ自体が遊びとなり，よくやるかもしれない。しばらくして，気に

入ったおもちゃを見つけて落ち着きだす。何かに頼って新しい部屋での生活を受け入れる子もいるので，大人はその子の表していることを受け入れる。とにかく大きな変化なので，子どもにとっては容易なことではないことをしっかり胸に置いておく。

　勤務はYが遅番をするが，子どもの慣れ具合によっては1カ月しないでOと変わる可能性がある。

　午睡は4月はSが前半を見て，様子によって他の人へ変わる。

●大人の学習

　育児のVTRを撮り，①関係について考える②大人の技術について確める。3週目に撮る。

●日課　食事ワゴン10：40 / 14：45

時	子ども	S (7:00～15:30)	Y (9:00～17:30)	O (10:00～18:30)
7	順次登園／遊び	00 朝の仕事 受け入れ／遊びを見る		
8	排泄 50 水分補給	30 伝達をする 50 必要な子の排泄	30 入室，伝達を受ける 遊びを見る 50 水分補給	
9	00 外遊び 40 入室，遊び	00 外遊びに誘う 外遊びを見る 40 室内に誘う 遊びを見る	外遊びに誘う 外遊びを見る 室内に誘う	
10	00 排泄 排泄 食事	00 伝達をして休憩 15 入室 排泄E 遊びを見る 40 食事準備 45 R排泄-食事-午睡	00 遊びを見る 遊びを見る 30 担当児　排泄 45 食事-午睡	00 入室，伝達を受ける 排泄 H.Ko 遊びを見る
11	午睡	05 担当児排泄 25 食事-午睡 50 午睡を見る	10 午睡／遊びを見る （ベッド敷） 50 排泄回りの片付け （食事回りの片付け）	（ベッド敷） 10 担当児　排泄 25 食事-午睡 50 食事回りの片付け （排泄回りの片付け）
12			00 休憩	00 休憩
13		00 休憩	00 午睡を見るか手仕事	00 午睡を見るか手仕事

時	子ども	S (7:00~15:30)	Y (9:00~17:30)	O (10:00~18:30)
14	午睡	↓	↓	↓
	↓	↓	↓	↓
	30 ↓ 目覚め	30 排泄に誘う	30 排泄に誘う	30 排泄に誘う
	↓ 排泄 遊び	↓ 遊びを見る	↓ 遊びを見る	↓ 遊びを見る
		45 食事準備	↓ ↓	↓ ↓
	50 食事 ↓ ↓	50 R食事		
	↓ ↓ ↓	↓	55 担当児食事	55 シーツを洗たくへ
15	↓ ↓ ↓		↓	00 担当児食事
	↓ ↓ ↓	05 担当児食事		↓
	↓ ↓	↓	10 遊びを見る	
			↓	15 休憩
	↓	20 食事回り片付け	↓	
	↓	30 伝達をして退室	↓	30 入室, 伝達を受ける
				外遊びに誘う
	外遊び		外遊びに誘う	外遊びを見る
	↓		外遊びを見る	↓
16	↓ 順次降園		↓ 引き渡し	↓ 引き渡し
	10 入室 ↓ ↓		室内に誘う	10 室内に誘う ↓
	↓ 遊び ↓			遊びに誘う ↓
	25 排泄 ↓ ↓		25 必要な子の排泄↓	必要な子の排泄↓
	↓ ↓ ↓		遊びを見る ↓	遊びを見る ↓
	↓ ↓		50 上ぶき,	↓
			消毒タオルを運ぶ	↓ 水分補給↓
17	00 水分補給↓ ↓		00 伝達をして退出	↓ ↓
	↓ ↓ ↓			夕方の仕事 ↓
18	00 排泄 ↓ ↓			00 ↓必要な子の排泄
	↓ ↓ ↓			↓ ↓ ↓↓
	↓ ↓			↓ ↓ ↓
	↓			30 退室

●4月後半からの日課　食事ワゴン10：40／14：45

時	子ども	S（7:00〜15:30）	Y（9:00〜17:30）	O（10:00〜18:30）
7	順次登園／遊び	00 朝の仕事 ↓受け入れ／遊びを ↓　　　　見る		
8	↓　　　↓ ↓　　　↓ ↓　排泄↓ 50 水分補給↓	↓　　↓ （＊30K 入室）　↓ ↓　　　↓ 50 水分補給　　↓		
9	↓ 10 外遊び　↓ ↓　　　↓ ↓ 50 入室，遊び	00 伝達をする　　↓ 　必要な子の排泄 10 外遊びに誘う 　外遊びを見る ↓ 50 室内に誘う／ 　遊びを見る	00 入室，伝達を受ける 　遊びを見る ↓ 外遊びに誘う 外遊びを見る ↓ ↓	
10	00　　　↓ 10 排泄　↓ ↓　　　↓ ↓　　　↓ ↓　　　↓ 排泄　　↓ ↓　　　↓ ↓食事↓	00 伝達をして休憩 ↓ 15 入室 　排泄E 　遊びを見る ↓ ↓ ↓ （＊45K，R育児） ↓ベット敷き	00 室内に誘う 10 排泄 H.Ko ↓ 　遊びを見る ↓ ↓ ↓ 40 食事準備 50 担当児　排泄	00 入室，伝達を受ける 　遊びを見る 排泄 Mi 　遊びを見る ↓ ↓ ↓ 40（水は45）排泄 S.Yu 50 食事-午睡
11	↓　↓　↓ ↓↓↓　午睡 ↓↓↓　↓ ↓↓↓　↓ ↓　　↓ ↓　　↓ ↓	10 担当児排泄 ↓ 30 食事-午睡 ↓ ↓ 55 食事回りの片付け	10 食事-午睡 ↓ ↓ ↓ 35 排泄回りの片付け 　食事回りの片付け	10 遊び／午睡を見る ↓　　↓ベット敷き ↓ ↓ ↓ ↓
12	↓ ↓ ↓	00 休憩 ↓ ↓	00 休憩 ↓ ↓	↓ ↓ ↓
13	↓ ↓ ↓ ↓	00 午睡を見るか手仕事 ↓ ↓ ↓	00 午睡を見るか手仕事 ↓ ↓ ↓	00 休憩 ↓ ↓ ↓

時	子ども	S（7:00~15:30）	Y（9:00~17:30）	O（10:00~18:30）
14	午睡 ↓	↓	↓	↓
30	↓目覚め ↓排泄　遊び ↓　↓　↓ ↓　↓　↓ ↓　↓　↓	30 排泄に誘う 　↓　遊びを見る ↓ ↓ （＊00K，R食事）	30 排泄に誘う 　↓　遊びを見る ↓ ↓	30 排泄に誘う 　↓　遊びを見る ↓ ↓ 50 食事準備
15	55 食事↓ ↓　↓ ↓　↓ ↓	↓ ↓ 05 担当児食事 ↓	（シーツを洗たくへ） 00 担当児食事 ↓	55 担当児食事 ↓ 10 部屋の整理／ 　遊びを見る
		↓ 20 食事回り片付け 30 伝達をして退室	15 遊びを見る ↓	15 休憩 30 入室，伝達を受ける 　外遊びに誘う
	外遊び　↓ ↓		外遊びに誘う 外遊びを見る	外遊びを見る ↓
16	↓　順次降園 10 入室↓　↓ ↓　遊び　↓ 25 排泄　↓　↓ ↓　↓　↓		↓　引き渡し ↓　　　↓ 室内に誘う　↓ 25 必要な子の排泄 ↓ 遊びを見る　↓	↓　引き渡し 10 室内に誘う　↓ 　遊びを見る　↓ ↓ 必要な子の排泄
17	00 水分補給　↓　↓ ↓　↓　↓ ↓　↓　↓		00 中番の仕事 ↓ 30 伝達をして退出	遊びを見る ↓水分補給　↓ ↓　↓　↓ 30 伝達を受ける 　夕方の仕事　↓
18	00 排泄　↓　↓ ↓　↓　↓ ↓　↓ ↓			00 ↓必要な子の排泄 ↓　↓　↓ ↓ 30 退室

●道具

【構造】

保育積木 ／ 数積木 ／ いろは積木 ／ 赤い車 ／ ゴム動物 ／ 木の棒

【台所】

ナベ ／ フライパン ／ まな板 ／ スプーン ／ ウッドビーズ ／ チェーン ／ お手玉 ／ 椀 ／

丸フエルト ／ ザル ／ ボウル ／ 皿 ／ コップ ／ 水差し ／ タッパー ／ ボトル

【人形】

キューピー ／ ザル ／ ジルケクマ ／ ブルンミ ／ 動物

【布)

布 ／ テーブルクロス ／ 布団，枕 ／ プレイマット

【バッグ】

手提げ ／ 巾着 ／ ポーチ

【机上】

重ねカップ ／ パズル ／ 玉さし ／ プラステン ／ スリットボックス ／ スナップつなぎ

【粗大】

ジュニアブロック ／ リング ／ 箱 ／ ボール ／ ピリポ

【他】

つい立て ／ マグネットボード ／ コースター ／ スカート

●わらべうた

【遊びうた】	【遊ばせあそび】	【こもりうた・うた】
せんべせんべ	このぶたちびすけ	ゆうなのき
じょうりき	ぎっちょぎっちょ	げっくりかっくり

【季節のうた】	【ごろ合わせ・ことば遊び】	
たんぽぽ	いっぷくたっぷく	
うめとさくらと	いちじくにんじん	

＊計画以外に既知のものをうたう。

③ 5月案

●4月のまとめ

　S以外ははじめてのことがあるクラスとしてスタートしたが，Yは子ども
との関係を通して，Oは去年の経験を生かして新しい生活スタイルを子ども
に教えていくことができた。中・遅番の入れ替えがあったことが，9時から
の子どもの様子や外の出入りの仕方なども分かり，大人にとってのメリット
が見られた。大人が子どもの表すことや，子ども自身を受け入れているので
関係がよく，大変だけれど楽しく過ごしている様子がよく見える。

　大人同士の共通認識は思った程進まなかったが，今はなんとなくうまくい
っている。3人の共通認識が増える程に子どもの1日の生活が快適になり，
生活習慣の面から見ても発達していく。これからの課題になる。

　子どもに毎日空間と道具の使い方をしっかり教えたので，下旬にはそれが
子どものものになりつつある。遊びははじめは子ども側の都合と大人側の都
合とでグチャグチャしてうまくいかなかったが，RをK（フリー）に見ても
らうようになり，Sが遊びを見る時間が増えたことでよく遊び，片付け，流
れる日課が成立するようになった。Rにとっても安全に生活することができ，
手厚くされることで発達する面が見られた。わらべうたも毎日に近い形で行
えている。遊びの内容をよく見られていないのでそれが5月の課題となる。

　Oが遅番をしたり，午睡時の入眠を見たりするようになるのが早めにでき
て安定もしている。Kに午睡を見てもらい，担任の話し合いももてた。

　排泄のタイミングが分からなかったりして，午睡明けの漏らしが一時期多
く出て日課の流れに影響があったが改善に向かっている。

　大人の学習は，予定していたものはできなかった。

●日課

　9時の登園と水分補給と排泄と外遊びが重なりゴタゴタするが，改善の案
はなく動線を気を付けるくらい。その後はうまくいっていて，外遊びの時間
も十分にあるのでこのままやっていく。

ワゴンが来てからは大人の動きは激しくなる。対して子どもは影響されず遊びを続けている。リーダーをしている時は，Ｓに引き継ぎをして時間にはきちんと遊びから抜ける。ＫがＲの育児に入るので協働する。流れる日課を成立させるのは，時間よりも子どもとの関係が大切になるので，育児における自分の課題をしっかりもって子どもと向き合う。そして子どもと協働して日課を進めていく。そのことが分かるようになってくれば，排泄〜食事〜睡眠の流れがとても静かに落ち着いて，クラス全体の流れとして見えるようになってくる。そして，寝付きも寝起きもよくなれば漏らすこともなくなり午後の日課の流れも安定することとなる。

　夕方は子どもが疲れたり不安になったり排泄量が増えたりする中で，引き渡しや掃除などをしなければいけないが，いつも子どもをよく見ていればそれらが生活の中で自然な形で行えるようになる。またどんな時も子どもと協働していれば，お互いに助けられることがある。

●遊びと道具

　探索遊びが盛んであるが，慣れてきたのでこれから次第に遊びが深まっていく。運動発達，経験，認識などの発達差があるが，個人的にその子の課題をもってよく見て助けていく。

　発達遊びの道具以外は，基本的にはどのように使ってもよい。ただあまりにも使い方が悪かったり合わなかったりした場合は教えたり他のものを提案していく。それぞれの遊びには，適した空間というものがあるので，好きな所で遊んでもよいが，それは子どもが選んだものなのか，知らないでその場で遊んでいるのかを見極め使い方を教える。子どもの遊びを見る時に，大人はより創造的でなくてはいけない。また，数人で一緒に遊んでいてもその中で個人を見ていく。その子が遊びのどの段階にいるのか，何を遊んでいるのかを見て助ける。

　子どもが遊ぶための条件をクラス内で学んでいく。リーダーは月の頭と終わりに遊びの観察をする。

・人形は，動物しかなかったので人の人形を出す。1歳児組からキューピーを借りてきて試したが，合わなかったら柔らかい人形に変える
・台所の容器も，遊びの内容をよく見て適したものを出していく
・子どもが表現できるものを出す。描画はどうか
・パズル，絵本を中旬でも入れ替える
・物の名前を知らない子が多いので，生活の中で大人は積極的に名詞を使うようにし生活カードを出して子どもと遊びながら教えていく
・フエルトのスナップつなぎを出して柔らかいもので操作遊びをする
・壁面のめくり絵のスナップが外れた状態で放置されているので，子どもが遊んだ後にスナップを外している。操作壁面も棚にしまう遊具と同じように，いつも正しい位置でそこにあるようにする
・布団を作り変え，世話遊びで使われるようにする
・コロナ禍だが，本来ならピクニックや遠足に適した時期なので体の使い方のこともありリュックサックを出す
・室内での粗大運動の仕方がまだ分かっていないので教えるが，その前に大人が分かっていないこともあるので積極的にリーダーに聞く

●大人の学習

　4月は行わなかった。客観的に関係や自分の仕事を見ることが必要なので忙しくてもやっていく。

　育児のVTRを撮り，①関係について考える②大人の技術について確認する。2週目に撮る。①②を分析するとともに客観的に見るという練習をしていく。クラス単位でなく，個人的にリーダーと学習をしていく。

●わらべうた

　4月にうたっていない人がいる。4月のうたに加え，5月分を足す。

　週リーダーは必ずうたい，日誌に記入。

　金曜日午後2時からうたの時間。第1・3はY，第2・4はOで，リーダ

一に教わる。ごろ合わせや詩は自分で覚える。

【遊びうた】
せんべせんべ
じょうりき
まめっちょ
ひとりきな

【遊ばせあそび】
このぶたちびすけ
ぎっちょぎっちょ

【こもりうた・うた】
ゆうなのき
げっくりかっくり
やまかじやけろ
からすからす

【季節のうた】
たんぽぽ
たけのこめだした

【ごろ合わせ・ことば遊び】
いっぷくたっぷく
いちじくにんじん
ふなのこはかわに

【詩】
ミルクをのむと

＊計画以外に既知のものをうたう。

(手書きのメモ)

☆いっぷく　たっぷく　たびらかもっぱい
　おんろく　ちんぴん　しきしきごっけん
　つるりんどん

☆いちじく　にんじん　さんしょに　しいたけ
　ごぼうに　むかごに　ななくさ　はつたけ
　きゅうりに　とうがん

☆ふなのこは川へ　　　　　　　☆ミルクをのむと
　どじょうのこは泥へ　　　　　　ミルクをのむと　ぼくになる
　おいらは母ちゃんのふところに　　たまごをたべると　ぼくになる
　　　　　　　　　　　　　　　　　パンをたべると　ぼくになる
　　　　　　　　　　　　　　　　　おかしいな　おかしいな
　　　　　　　　　　　　　　　　　たべるはしから　ぼくになる

④ Ⅱ期案

●課題について

　年間課題を進めるために，個人で育児，遊びの実践をビデオに撮り今自分が向き合うべきものを把握する。定期的に行い，力をつけていく。

　クラス全体では，経験や美的体験を増やしていく。クラスリーダーが月案で立てるだけでなく，週の遊びのリーダーは自分で考えて計画をする。

●予想されるクラスの姿

　子どもの入れ替わりがある（E・Ki新入園児も入ると思われる。状況により変更が考えられるが，新しい子はOが担当する予定）。

　3歳になったり，近づいてくる子が増える。体力が増し，言葉も発達して友達とのやり取りも増えて内容は複雑になってくる。コミュニケーションの取り方や問題解決方法をよく教えていき，大人が入り過ぎないことで子どもに力がついてくる。

　遊びを見る大人が発達することを目指し，クラス勉強会をして進める他，必要であればリーダーを2週間続けてやる，週案を書くなどする。運動遊びが盛んなクラスなので，週のリーダーはそのことも計画をする。

　子どもの遊びは世話や役遊びが少し進む。運動遊びでは体の使い方を覚えてコントロールしようとする。遊びを移る時に片付けることが習慣になる。

　1つの遊びを午前中いっぱいかけてする子もいれば，まだいじりの段階の子もいるかもしれない。友達と一緒にいることが嬉しくてただつるむこともあるが，大人の助けで遊びへとつながっていくようになる。自分の体験を大人に言葉で伝えたり，遊びの中で再現する。最も発達した子は役割遊びをして他の子も統率するかもしれない。

　季節の変わり目で体調を崩したり気分が優れない子も出るかもしれない。個人をよく見て健康面などにも留意する。

　計画した体験は，月齢が上がるにつれてその意味がよく分かるようになる。

●日課　食事ワゴン10：35／14：45

○とＹの，食事の順番を入れ替える。

時	子ども	S（7:00~15:30）	Y（8:30~17:00）	O（10:00~18:30）
7		00 朝の仕事		
	順次登園／遊び	↓受け入れ／遊びを		
	↓　　　　↓	↓　　↓　　見る		
8	↓　　　　↓	↓　　↓　　　↓		
	30 ↓　　　　↓	30 伝達をする　　↓	30 入室，伝達を受ける	
	↓　　排泄↓	↓　　↓　　　↓	排泄 R.Yu	
	↓　　↓	排泄 T.K.Se.Ko	受け入れ／遊びを見る	
	50 外遊び	50 外遊びに誘う	↓　　　　↓	
	↓　　　　↓	外遊びを見る	外遊びに誘う	
9	↓		外遊びを見る	
	↓		↓	
	35 入室	35 室内に誘う		
	↓　遊び	遊びを見る	室内に誘う	
	50 排泄　↓		50 排泄 R＋必要な子	
10	↓　　↓	00 伝達をして休憩	↓	00 入室，伝達を受ける
	↓	↓	遊びを見る	遊びを見る
	↓	15 入室	↓	↓
	↓	遊びを見る	↓	↓
	35 排泄　↓	↓	35 担当児　排／食／ペ	35 食事準備
	↓食事↓	↓	↓	遊びを見る
	↓食事↓	↓	↓	55 担当児排泄
11	↓↓↓	↓ベッド敷き	10 午睡を見る	10 担当児食事
	↓↓↓午睡	10 担当児排泄	↓	
	↓↓↓↓	↓	↓ベット敷き	
	↓↓↓↓	30 食事-午睡		ベッド敷き
	↓　　↓	↓	40 排泄回りの片付け	40 午睡を見る
	↓　　↓	↓	食事回りの片付け	↓
	↓	55 食事回りの片付け	↓	↓
12	↓	00 休憩	00 休憩	↓
	↓	↓	↓	↓
	↓	↓	↓	↓
	↓	↓	↓	↓
13		00 午睡を見るか手仕事	00 午睡を見るか手仕事	00 休憩
		↓	↓	↓
		↓	↓	↓
		↓	↓	

●道具と遊び

　練習遊びや運動遊びはまだ続くので，空間の使い方を教えていく。子どもはただ大人の指示に従うだけではなく，自分で適した場所が選べるようになるような伝え方を大人はしていく。

　再現遊びの内容をよく見て必要に応じて道具やアイデアの提供をする。一緒に遊んでいる子と役割り遊びをしたり，不特定の子に向けて店を開く子も出てくる。一方で発達がゆっくりな子に，部屋に出している道具とは別に用意をする必要もある。

【人形】

　世話遊びがしやすい物へと変えながら，ちょっと抱ける人形も引き続き出しておく。

- ・ジルケ人形→軍足人形
- ・赤ちゃん人形

【世話】

　弟や妹がいる子もいるので，赤ちゃんの世話ができる物も出す。

- ・ミルクと哺乳瓶
- ・おぶいひも

【台所】

・食器の入れ替え✓	・エプロンの入れ替え✓	・やかん✓	・スプーン✓
・鍋の入れ替え✓	・デーブルクロスと椅子カバー入れ替え✓		
・焼き網	・調味料入れ✓	・ケーキ台✓	
・重箱	・布巾，スポンジ，包丁，ミトン✓		
・小手玉✓	・オタマ，泡立て器，トング✓		

【構造】

| ・かまぼこ板✓ | ・小さい車✓ | ・木の人形✓ |
| ・曲線積木✓ | ・汽車✓ | |

【発達遊び】
  ・パズルの入れ替え✓　　・パターンブロック　　・ピップ
  ・ヘキサゴン→ペンタゴン✓　・ロット✓　　　　・メモリー　　　　・かるた
  ・ロンデイー✓　　　　　・生活カード✓　　　　・絵合わせカード✓
【運動】
  ・長いジュニアブロック✓
【役割】
  ・エプロン（大工，美容，店）✓　　・看護服✓
  ・レストランメニュー　　　　　　　・大工道具，帽子✓
  ・美容の台，椅子，鏡✓　　　　　　・救急道具✓
  ・メイク道具，ヘアメイク道具✓

●経験
  ・野菜の種まき（ルッコラか？）✓ラディッシュ　春菊，カブ
  ・きのこを育てる→調理して食べる✓
  ・オシロイバナで色水作り×
  ・小麦粉粘土✓
  ・絵の具フィンガー
  ・葉探し
  ・泥団子作り✓
  ・花壇の手入れ✓
  ・落ち葉はき✓
  ・クリスマス会に参加する

●大人の学習
  ・育児のビデオ撮り
  ・遊びのクラス勉強会
  ・いずれも月案で計画を立てる

⑤ 9月案

●日課

　大人の動きを変えたところがある。特別な助けが必要な子もいるので，大人同士がよく協働していく。

　些細なことでもいいので，上手くいかないところや違和感を覚えたところがあったら2人に伝えて改善していく。

　午後の日課が遅れている主な理由は協働できていないから。準備，洗濯，片付け，整理などの見通しを立て分担する。日課の表を見てその理解をする。

●遊びと道具

　その週の遊びのリーダーは，保育の内容を毎日日誌に記す。わらべうたや文学を毎日するように計画を立てる。必要であればクラスでノートを作り，週案を書き込んでいけるようにする。

【描画コーナー】

　いつでも自由に使えるようにしたい。Rが食べたり汚したりしないようなら常設する。

・クレヨンを各自で使えるようにする
・白い紙のほか，広告や新聞なども置いてみる
・人数が少ない日にはフィンガーペインティングをする

【運動遊び】

　体の使い方をよく見ていく。苦手な子には簡単な課題を与えたり，外遊びで誘ったりしてみる。

・ジュニアブロックの長い物を出す

【台所】

　ただ出しているだけで終わらないよう，質問をしたりモデルを見せて刺激をすることも必要。

・皿，コップ，水筒の入れ替え

・包丁，おたま，スプーンを出す。今出しているスプーンはしまう

・後半に小手玉の検討

【バッグ】

リュックの入れ替え。手提げは，シンボルとして持っているだけの子もいるので，出し入れしやすいものはそのままいくつか置いておき，少し難しいバックも入れ替えて出す。

【人形】

練習遊びで寝かせている子がいるので予備をすぐに出せるようにしておく。安心するために抱いている子がいるのでぬいぐるみも出しておく。

・外国人の人形

・ぬいぐるみを入れ替える

【構造】

積む，並べるところから先に進んでくる。

車は小さくし，積木の種類を増やす。発達以外に好みがあるのであまり使っていない種類はしまって入れ替えてもよい。

協働したり平行遊びなど数人で空間を共有することが多いので，場所については見逃さず教えていく。狭かったら棚やベンチをずらす。

・小さい車

・かまぼこ板

・曲線積木の可能性（下旬）

【発達遊び】

進める部分と，バリエーションとがある。

付きっきりで面倒を見る必要はないが，使い方を教えたり，その遊具のもつ課題を子どもが理解できるように見ていく。

・パズルの入れ替え　　・ロンディー

・生活カード入れ替え　・ヘキサゴン

・パターンブロック

【役割】

　身近な大人の仕事というものが，コロナ禍でとても減っている。逆に新しいものもあるかもしれない。

　大工の仕事は，DIY でもキットがあったりホームセンターで木をカットしてもらったりと，ノコギリを使っている所を見たことがない可能性がある。ドライバー，ハンマーにしても危ないから子どもに見せないで使っているかもしれない。子どもがモデルを知らなければ道具は出せないので親から情報を得ておく。

　　・美容の台，椅子，鏡，メイク道具，ヘアメイク道具
　　・エプロン（大工，美容）　・大工道具，帽子

●経験

　特別に計画を立てなくても，日常の中で色々な経験をさせることが可能。生きていく力をつけると思って子どもに色々教えていく。

　　・野菜の種まき（ルッコラ？）　・花壇の手入れ
　　・泥で遊ぶ　など

●懇談会

　9月11（土）a.m

　緊急事態宣言中のため，集まることが気にならない人だけの参加とする。

　内容はビデオは撮らず画像を元に話をする。使った画像はコメントを書いて受入室に置いておき，不参加の人も同じものが見られるようにする。

　詳細はこれから詰める。

●大人の学習（日にちは予定）

　Y…排泄のビデオ撮り　13，27日
　O…食事のビデオ撮り　5，29日
　S…遊びの観察と分析　14，28日

●わらべうたと文学

【遊びうた】　　　　　　【遊ばせあそび】　　　【こもりうた・うた】
だるまさん　　　　　　　ダイコンツケ　　　　　あのねおしょさんがね
エンドウマメニマメ　　　かんてきわって　　　　ひとつひよどり
げっちゃんかっちゃん　　　　　　　　　　　　　くもはあっぱい
てるてるぼうず

【季節のうた】　　　　　【ごろ合わせ・ことば遊び】　【詩・文学】
おつきさんえらいの　　　ひとつひとより　　　　子どもはいませんか
おつきさん　　　　　　　ねむのきねむのき　　　雨のねこ
　　　　　　　　　　　　いっぷくたっぷく

　その他（週案・日案）の例

①週案【S】11/29〜12/3
　一人一人の遊びを理解する。
　遊びを見ながら，A，Sを観察する。気づいたことを日誌に記す。

30日　松ぼっくりの制作
　　　　Yの祖父が松ぼっくりを沢山拾って持ってきてくれたので，クリスマ
　　　　スの飾りに利用する。
　　　　材料：松ぼっくり，毛糸，小麦粉粘土，水性ペン
　　　　方法：松ぼっくりに選んだ毛糸を巻きつける。
　2　　乾いた小麦粉粘土に水性ペンで色を塗る。

うた　　　　　　　　　　　　　となえ文句・お話
　げたかくし　ひとつひとより
　ぜんじゃらぼうじゃら　　　　わからんちんが逃げ込んできた
　げっくりかっくり　　　　　　このわたしのおやゆびがりんごの木
　いものにたの

②週案【Y】 2／14〜18

　・リーダーY　サブリーダーO
　・柊鰯の御焚きあげ…大庭のかまどで燃やす
　・遊び…全体を見るようにする
　　理解し，助ける。受け入れる。すっとぼけない
　・わらべうた
　　ダイコンツケ　オモヤノモチツキ　ぼうさんぼうさん　あぶくたった
　　でんでんむし　かれっこやいて
　・文学…花子さんの料理
　・ビデオ撮り（火）〜（木）のどこかで
　to do list
　・鳥の写真を印刷する
　・子どもの写真を印刷し，保護者向けに置く
　・吊り雛のモチーフを調べる

③当日の案【S】 3／3雛まつり

　・女児　着物を着る。（月曜日朝に洗濯する）
　1．担当（Sから）と，ゆるいグループで数人ずつ雛飾りを見に行く。
　　　段飾りを見ながら，雛人形のこと，ひな祭りの意味を伝える。
　2．Sが戻った頃に，部屋で平行して“わらべうた”をする。
　　　・こんぼうた　　・なべぁおおきぐなれ　　・もぐらどんのおやどかね
　　　・いなさま　　　・ひなさま
　3．雛あられを食べる。
　　　角箱を渡して雛あられをふるまう。
　　　担任がうたう。Y「ひふみよ」S「鶯の谷渡り」O「ずくぼんじょ」
　　　3人で2声「ほうずきばあさん」

56

第 **3** 章

保育の実際

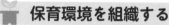 **保育環境を組織する**

保育の環境

　子どもが自発的・意欲的に関われるような環境を構成し，子どもの主体的な活動や子ども相互の関わりを大切にすること。特に，乳幼児期にふさわしい体験が得られるように，生活や遊びを通して総合的に保育すること。　　　　　　　　　　　　　（保育指針総則・保育の方法　オ）

　朝，仕事に行く家族と離れてから，子ども達は同じ空間で5〜6名，多ければ20名余りが1日を過ごすことになりますが，何より保育室は子ども自らの存在を感じながら生活する場所です。

　生後1年にも満たない時から，親と離れて保育園で長い時間を過ごしますが，その間，子どもはクラスで起きていることを感じているし，世話をされる時も共にそれを体験している1人として存在しています。

　その一人一人の子どもを集団の枠の中で養護すること，それらを通して自立した人間に向けて人格の発達を助ける保育は，保育環境の条件を組織することから始めると保育指針にも示されています。

　保育室の環境をつくる1つは客観的条件（物的条件）です。

　　（1）空間　　　　〈保育室の空間と動き〉
　　（2）時間　　　　〈個人・クラスの日課と保育者の動き〉
　　（3）道具・遊具　〈育児等に必要な道具，遊具等〉

　もう1つは，主観的条件（人的条件）です。

　生活する部屋が自分たちを部屋の中からも外からも守られていると感じられること，1日を毎日続けていく日課，そして諸活動に必要な道具や設備などがつくりだす生活感覚の基礎が安定することで，子どもにとっての人間的

な関係もよい方向に向かうはずです。

　大人と子ども，子どもと子ども，大人同士，父母と保育者などの人間関係のネットワークです。人と人との人的環境は，大人も子どもも共有できる空間，集団の枠の中で個人的に接すること，子どもの1日の生活を支える保育者の調和ある動きを可能にする「客観的条件」を組織することで，クラスに子どもと保育者，子どもと子ども，保育者同士の関係"人的な環境の条件"も準備されることになります。

❶ 保育室の空間を組織する

　集団の中で，一人一人の子どもが自分の存在を感じて安心して生活できること，そしてよりよい子どもの成長を助ける保育環境は，一人一人がその子で居られることと，子ども一人一人の世話を可能にする"個人の自由と集団の秩序"が両立している保育室です。

　子どもは，どこから外へ出るか，部屋へ入るか，遊具のある場所，ワゴンが来たら何が始まるのか。自分の席は…。部屋にあること，クラスで起きていることを敏感に感じながら過ごしています。

　子どもにも共有できる空間をつくる入口は，保育室のもつ機能の合理的な配置です。

（1）保育室に必要な機能
　　・登降園時の受け入れ（出入口・個人の持物保管・記録する・掲示等）Ⓐ
　　・育児（食事・排泄・睡眠）（着がえ収納棚・寝具・食卓＋椅子）　　Ⓑ
　　・戸外への出入口（靴箱）　　　　　　　　　　　　　　　　　　　　Ⓒ
　　・遊びの空間（遊具棚・遊具収納棚）　　　　　　　　　　　　　　　Ⓓ
　　・備品等の収納　　　　　　　　　　　　　　　　　　　　　　　　　Ⓔ
　　・保育者が記録したり書類を保管しておく場所　　　　　　　　　　　Ⓕ

トイレや食堂が別にある，受入室が付属している，広さや出入り口の場所，

壁面の可能性，採光，部屋の形など，園によって条件は様々ですが，基本的には１つの空間の中にこれらの機能が必要です。その配置によって子どもと共有する部屋の動線がつくられます。

　殊に朝夕の登降園に使う受け入れの場所は，棚１つでも置いて区切ることで，その先の空間を子ども達の領域として確保することができます。

（２）子どもにも見える，分かる環境条件

　子どもはまだ自ら環境をつくることはできませんが，自分が置かれる空間で行われる様々な状況を共有しています。

□物の置き場が決まっている
　　−子どもの頑具，衣類
　　−大人だけが使うもの。大人たち一人一人が使うもの
　　−一緒に使うもの
□使う場所，人が決まっている
　　−食事の時に座る所，寝る場所，子どもや大人の自分のコーナー，居場所，
　　　大切な物を置く所
□育児分担　決まった人が育児を担当する
□仕事分担　大人間の課題分担
□日課　大人と子ども。普段の日とそうでない日，休暇中
□週課　曜日で決まっていること（散歩，土曜日の日課）

　「子どもにも見える，分かる」保育室は，広い空間の中に自分の場所があることで子どもの安定と主体としての存在感を強めます。“決められた場所に座る”のではなく，自分の場所がありそこに座るのです。いつも同じ場所に置かれた自分のベットで眠ります。遊具も置く場所が決まっていれば，最初は保育者が使った物を元に戻しますが，徐々に大人の助けを借りながら，使った物を元の場所に戻すようになります。このように環境と結びつくことで，子どもからの自発的な行為が増えて，保育室が安心していられる場所になります。

●例1図：2歳児クラス保育室（47㎡）

受入室とトイレが付属しています。（A）～（F）で機能ごとの場所が示されて，点線はその結果できた動線です。

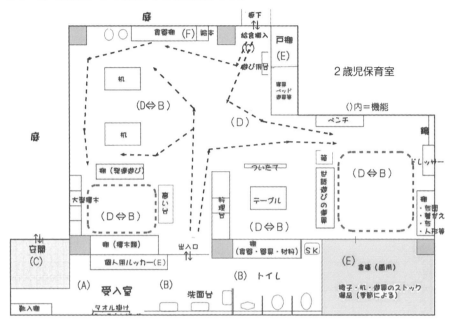

1日の間に，パズルやゲームをする机が食事の場所へ，世話遊びや構造遊びをしていた所に午睡用のベッドが敷かれます。動線が机の右横に集中しますが，他の場所は守られています。子ども達は保育者の動きから，目には見えない秩序を感じて自分の遊びを続けることができます。

そして自らもそのように振るまおうとします。

●例２図：０歳児組

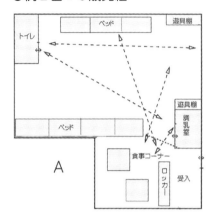

A　空間は広いように見えますが，どこを通ってもよいので，部屋全体が通路になって子どもの遊び場を横切ります。

　どういう空間にしたらよいか，動線を書いてみてください。

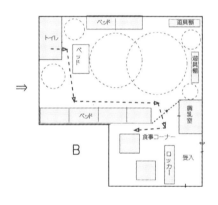

B　入口を変えて調乳室を食事コーナーと同じ空間にして，部屋の奥にあるトイレの前にベッドを置いて，トイレへの動線をつくったのがBです。

　他の子の育児に煩わされることなく，安心していられる場所があちこちにできました。１本の動線が子ども達の居る場所を守りながら，子どもの必要に応じて育児することを可能にします。

　空間を構成する物は，ほとんど遊具棚などの家具です。

　安全性と部屋全体の調和に必要なのは，家具の材質やサイズ，特に高さに注意して選びます。

　何度も既製の保育用家具を買い換えながら学んだことは，家具や備品は子どもの運動機能発達から考え直す必要があるということでした。小さな台所セットでは鍋やボールに入れたごちそうをダイナミックにかき回す楽しさを経験することができません。子ども用の置き台は狭くて，鍋１つ置けば溢れ

てしまいます。少なくとも，子どもは"本物"のように使えるサイズを必要とします。

　子ども用の家具を注文すれば作ってくれる業者が増えています。何を入れるかを予め決めて，サイズに合わせて棚を注文することもできます。

　カーペットも空間をつくるのに役に立ちます。カーペットを敷いて動線を作ることも可能ですし，部屋のアクセントに使えます。キャラクターものやウレタン製ではない"普通"のカーペットを1～2枚備えると重宝します。

0歳児室

食器棚

キッチン台（2歳児用）

遊具棚

（3）年齢的特徴を考慮した空間

　年齢的特徴による空間のつくり方は，運動の必要性（運動機能の発達）と食事をする場所と遊び場の関係（遊び場を広くする）によって変化させます。

①０歳児クラスの部屋

　４月（３ヶ月～11ヶ月）・年度末（３ヶ月～23ヶ月）の月齢差のある子どもが同じ部屋にいる可能性があります。基本的には，育児をする時間が長いので安全のためにも遊びと育児の空間を仕切って固定させて，必要に応じて途中で食卓等を入れ替えます。

●例３図：Ⅰ期の例：A～F＝部屋の機能（50㎡）

　・右側Ｄ部分は板床，左の点線Ｄの部分はカーペットが敷かれている
　・受入室，調乳室，沐浴室が付属している
　・全員ベットを使用している（高さのある既製パイプベット２台と特注の
　　低い引戸木製のベッド）
　・矢印点線＝動線
　・洗濯室は乳児組で共有している
　・個人のロッカーは，受入室にあり，保育室両方から使える

　睡眠はベッドを使うのが有利です。衛生的であること，睡眠時間が長く，子どもによって寝る時間帯が異なる時期，ベッドを使えば遊んでいる他の子どもの日課を守ることができますし，守られたベッドの中で，体を動かしたり喃語を言ったりする自由と時間が確保され，保育者の仕事も助けられます。
　全身を使って粗大運動を盛んにして，１年を過ぎた自分の体を支えて歩けるようになる頃には，心置きなく安全に（子どもが触ってよい物だけを置く），部屋の隅々まで使って自発的な運動を自由にできる空間を必要とします。
　マットやすべり台などの運動遊具は，体を自由に動かせるように周りを空

けて配置します。歩く子が増えたらベッドの位置を変えて，間に通路を作る，あるいはサークル等を片付ける等の工夫をして，動ける空間を広げます。

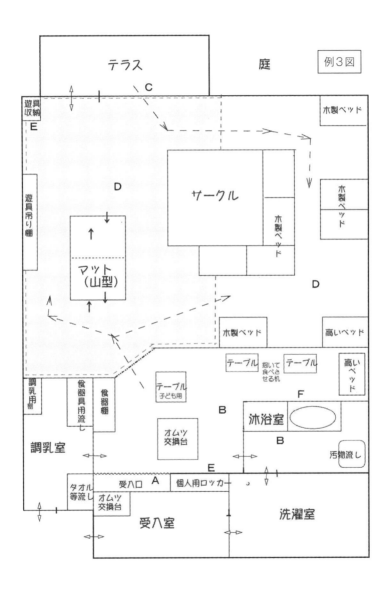

② 1歳児クラスの部屋

　1歳児クラスは，部屋の機能（例４図Ａ～Ｅ）を合理的に配置することでできる動線（点線）が，見えないけど感じられる生活の秩序を共有する空間が基本です。

　遊びと育児（食事）の場所を区切らなくてよいのですが，年度始めは子どもが生活に慣れるまで区切ることが必要かもしれません。

　まだ粗大運動も活発で移動しながら遊ぶので，充分に動ける広さが必要です。年度始めは機能練習遊びが主ですが，２歳を超えた子が多くなると，料理や人形の世話等の“部分的”再現遊びが見られます。“自分の場所”として午睡用ベッドは大切な空間ですが，部屋が狭い場合，後半には大きい子のベッドをコットに変えて，動ける空間を広げることもできます。

　“生活する場”としての保育室の空間に，遊具の置場を決めます。

　遊具を置く場所が，緩やかな遊びのコーナーにもなり，室内のどこでも頑具を持って遊び始める所が遊ぶ場所になります。子どもは動いてどこででも遊びを広げます。それは“子どもにも見える感じられる”空間が生み出すクラスの秩序の，共有が支えます。

　秩序はあるが（遊具の場所が決まっている，ゆるい部屋の動線がある），開かれた自由な空間がお気に入りで，“世話遊び”“料理”等用に閉じられた遊びのコーナーは，まだ，この頃の子どもの要求ではありません。

　遊具の種類や量は変化してますが置き場所は原則変わりません。後半には「再現遊び」も表れて，立って遊べる台・小型のテーブル類が必要になります。

●例4図：4月　1歳児保育室・受入室が付属（60㎡）

・D点線部分は敷きカーペット

・低い木製ベット（全員）後半簡易ベットも使用

・食卓4脚（1人～4人用）常置

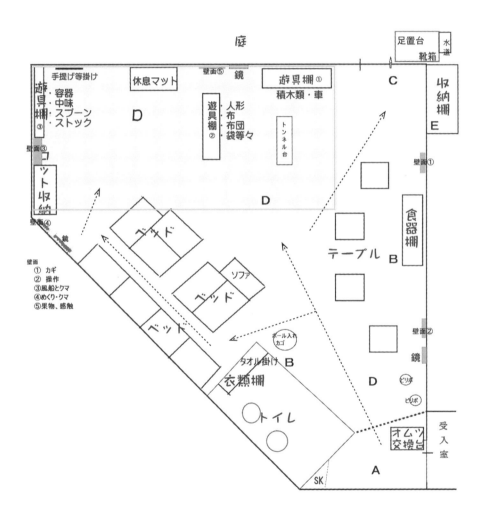

●10月の保育室

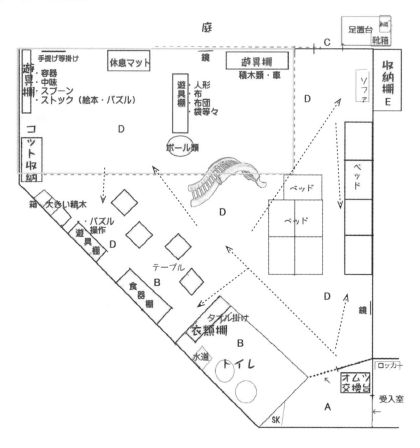

庭

手提げ等掛け

遊具棚
・容器
・中味
・スプーン
・ストック（絵本・パズル）

休息マット

鏡

遊具棚
積木類・車

足置台
靴箱

収納棚
E

ソファ

遊具棚
・人形
・布団
・袋等々

D

D

コット収納

D

ボール類

ベッド

ベッド

ベッド

箱・大きい積木

・パズル
操作
遊具棚

D

D

テーブル

B

食器棚

D

鏡

タオル掛け

衣類棚

B

水道

トイレ

ロッカー

オムツ交換台

受入室

SK

A

オムツ交換台

遊具棚

クラスの庭

③2歳児クラスの部屋（例1図・前掲 p.63）

　玩具を抱えて"座った所がどこも遊び場"が1歳児ならば，2歳児になると遊びたいことがある，あるいは遊具がある場所で遊び出します。

　遊びの種類（再現・世話・構造・発達）によってコーナーをつくって遊具を置きます。遊び場は仕切られているのですが，自分達の生活する部屋の中に，色々遊べる場所があるという開かれた空間にします。

　必要な遊具を運んで，宅急便やお店や等の思いついたこと遊びを始められる区切られていないフリーな空間も必要です。狭い部屋では机上を使って遊ぶテーブルを少なくしましょう。

　2歳児クラスの空間は，日課の流れの中で，遊んでいた場所にコットが置かれて午睡する場所に変わります。

❷ 日課（時間）

　日課も子どもに見える環境の条件で，クラスで行われている生活の流れや動きを無意識に共有しています。

　食事や排泄の世話はいつも同じ人がしてくれ，上着を持ち出す保育者の動きに戸外に行くことを知り，給食のワゴンが運ばれてくることでそろそろ食事が始まることを知り，いま誰の食事が配膳されているのかも保育者の動きで分かっています。

　短くて8時間，子どもによっては12時間を超えて複数の子ども達と保育者が共に過ごします。同じクラスでも成長の度合いは様々な一人一人の生理的要求を満たすことと，その経過を通して子どもの生活リズム時間・習慣を形成していくことを可能にするのは日課の組織です。

　その時間は，クラス全体の発達，その子どもの要求，その園のある環境，子ども自身の発達によって変化します。例えば，0歳児クラスであれば，年度始めは育児時間は長くかかりますが，一人一人の子を世話することによって，自立も早くなっていくので，成長とともに，遊びの時間が長くなっていきます。日課をうまく作ることができれば，遊びの時間を，上手に充分にとれるようになります。子どもの日課と保育者の仕事の秩序とが密接に結びついていることによって，一人一人の子どもの育児にかける時間が充分とれるということ，子どもの遊ぶ時間が充分に確保される，常に"子どもが中心にいる"日課を組織することが必要です。

（1）継続的な日課

　自立した大人は，決められた時間に集まり，次の活動に一斉に移ることができますが，小さな子ども達は，例えば戸外に出るには排泄をしたり，上着を着たり，靴を履くのに大人の手助けが必要です。

　集団の中で一人一人と向き合って世話をすること，子どもの自由な時間の両方をできるだけ確保したい。この2つの矛盾していることを実現させるのが「流れる日課」または「継続した日課」という方法です。クラスの規範と

してはゆるやかなものですが，一人一人の子どもにとっては，中断することのない自分自身の生活リズムを形成します。

　点で区切られている日課（一斉）は，何事も一緒に始める時間が決まっているので，何事も一緒に終わることになります。常に子ども達は保育者の示すことを，時間の中で同じ行動を要求され，保育者は同時に大勢を1人か，何人かの保育者が世話をするので一人一人には充分にこだわる余裕はなく，時間もかかり子ども達は待たされ，結果として子ども達が自由に活動する時間は削られます。

7:00 　　　　　　　　　　　　　　　　　　　　　　　　　　12:00

登園→	遊び	戸外	遊び	食事	午睡

a	遊び	準備して戸外へ	遊び	食事	午睡へ
b	遊び	準備して戸外へ	遊び	食事	午睡へ
c	遊び	準備して戸外へ	遊び	食事	午睡へ

　同じ保育者が担当する子を軸にして，点ではなく時間帯で日課を考えます。例えば戸外に出るのは9時10分から60分と計画したら，担任aは担当の子どもを誘います。cが遅番で出勤していない場合は副担当の子も誘います。bは部屋で遊んでいる子ども達を見ています。aの様子を覗いながら不要な遊具を片付けて子ども達を戸外に誘います。気づいてすぐ来る子どももいますし，遊びを続けている子もいます。保育者と外に出る準備をしている子どもの側にいる子ども達は，自分の帽子や上着を探して着ようとしたり自分の番を待っています。このような関係は，いつも同じ人が自分に向かって世話をしてくれることによって結ばれたものです。人のために待たされるのではなく，自分のために待っていられます。今，保育者が自分に向き合って世話をしているという喜びの中で，衣服の着方や靴の履き方も学んでいきます。

（2）育児の担当制

　継続的日課は，「育児の担当」を決めることを前提に，組織することができます。

　育児をする担当を決めて，担当がいる時間帯は子どもの育児をします。

　生後6〜7ヶ月頃から子どもは母親との特別な関係・母子関係の上に，決まって育児をしてくれる人と従属関係（依存関係とも言う）を結びます。母親，父親に代わって子どもの世話をする保育者も決まった人である場合，その人との間に従属関係が結ばれ，子どもはその人の世話を受け入れて親に代わる自分自身の"精神的よりどころ"を得ることができます。クラスの担任はみんな子どもにとって身近なよりどころなのですが，その中で特に"自分の内奥（ナイオウ）を任せられる人"を必要とします。心理学で言う従属関係（ないしは従属モチーフ）ができることによって，子ども自身が保育者の世話を自ら受け入れて，大人に助けられながら食事や排泄などを能動的にしようとします。

　母親，父親，そして担当と結ばれた信頼関係は，子どもの人間関係の広がりへとつながります。

●育児担当を決めるための原則

- ・持ち上がりの子どもは，原則として担当を変えない
- ・一般に月齢の近い子どもを担当（月齢差が6ケ月以上ない）をするのがやりやすい
- ・新しく入園した子は誰が担当するか。ふたごは担当者を分ける
- ・新人保育士の担当人数を少なくすることもある
- ・クラスを担任する保育者は，勤務形態にかかわらず担当する子どもをもった方がやりやすい。あるいはフリーとしての位置づけをして子どもにも役割が分かるようにする
- ・育児の担当制のデメリットは，担当がいない時はどうしたらよいかということ。担当を決めたら，担当が不在の時に世話をする副担当を決める。担当がいない時，いつも同じ決まった人に委託されて世話をされること

を子どもは受け入れる。担当が休みの時，勤務体制上入室していない時は副担当が育児の世話をする。代替に入る保育者も可能なかぎり決まった人にする

・食事の食べ終わりに時差があって，食べている子と午睡の準備をする子の世話が重なる場合は，午睡を見ている保育者に委任することを必ず子どもにも伝えて世話を頼む。2歳児クラスになった頃，担当の手が空けられない時には他の担任が"私と行く？"と同意を求めてトイレに連れ行くことを子どもは受け入れられる。子どもの同意を求めること，断られたら担当する保育者の手が空くのを待つ

（3）日課を組織する

①クラスの年間の見通し

　年度始めのクラスの条件と，年間に予想される推移を見通します。

【1歳児クラスの例】

担任3名（1名新人）

勤務態勢（A 早番・B 中番・C 遅番）

子ども　子ども15名（新入児2名）

　　　　4月（13ヶ月〜23ヶ月）⇒年度末（25ヶ月〜35ヶ月）

　　　　男児：8名　女児：7名（1月〜3月生まれ4名）

　　　　より援助を必要としている子（　　　　　　）

　　　　中途入所の予定（　　　　　　）

保育時間　登園午前7時2名　降園午後7時1〜2名

　　　　　9時までには全員登園する。

担当　　新人の担当児を誰にするか決め，その他の担当は持ち上がる。

食事　　4月　1：1　3名，2：1　6名　⇒順次担当ごとに食事

排泄　　大体自立3名　はさみオムツ3名　オムツ9名　⇒

睡眠　　午前睡5名　⇒　食事後午睡へ

　　　　後半，木製ベットの位置を変えて空間を広げる。

その他　職員が産休などで途中代わる等，既に予定されていること。見通しを決める。

②クラスの日課を決める

　登園・遊び（午前睡）・戸外で遊ぶ・遊び・食事・午睡・午後食（おやつ）水分補給など…育児にかかる時間を見通して，クラスの日課を立てます。

　保育者の仕事分担を決める観点は，子どもの人数と担当する保育者数，子どもの月齢と，その子一人一人の発達がどのようなものか，登園時間と降園時間が何時かにより，時間帯での子どもの人数も把握して，クラスとしての日課を決めます。

　子どもが自立していく経過の中で，日課は変わっていきます。

　自分でトイレに行く時が分かる子が増え，オムツを交換する必要が減る，何人かの子どもの世話が可能になり食事の時間が短縮される等々です。

　それは子どもの遊びの時間が拡がることと，子ども自身の生活日課の形成－午睡を必要としなくなる，離乳食から始まった食事もお昼に食べることに近づいていることなどを形成しています。保育者はこのような変化を敏感に捉えて，日課を組み直します。子どもにとっても，生活が先に変化していくことは喜びです。

　同時に，子どもの個人の習慣も日課の中でつくられます。外に行く前にはトイレに行く，食事の前（午睡の前）にはトイレに行く等々。必要のない子どももいますが，外に出る前はトイレに行くことを，習慣として認知します。

おおよその食事の時間（排泄から食事へ）を決める

担当	食事の時間帯				
B	10：30 f.g（2:1）	10：50 h.i（2:1）			
A		10：40 a.b（2:1）	11：00 c.d.e（2:1）		
C				11：10 j.k.l（3:1）	11：30 m.n.o（3:1）

●例5図：1歳児クラスの日課（6月）

日課　組織された子どもの日課と大人の動き（午前中）　1歳児クラス（子ども15名／保育士3名）

〈作成〉　6月1日

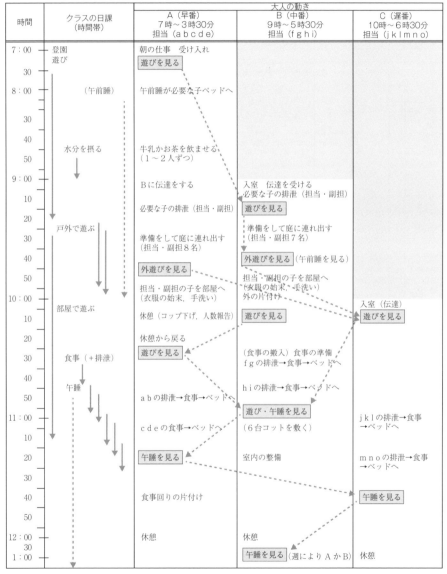

時間	クラスの日課（時間帯）	大人の動き		
		A（早番）7時～3時30分 担当（abcde）	B（中番）9時～5時30分 担当（fghi）	C（遅番）10時～6時30分 担当（jklmno）
7:00	登園 遊び	朝の仕事　受け入れ 遊びを見る		
30				
8:00	（午前睡）	午前睡が必要な子ベッドへ		
30				
40				
50	水分を摂る	牛乳かお茶を飲ませる（1～2人ずつ）		
9:00		Bに伝達をする	入室　伝達を受ける 必要な子の排泄（担当・副担）	
10		必要な子の排泄（担当・副担）	遊びを見る	
20	戸外で遊ぶ			
30		準備をして庭に連れ出す（担当・副担8名）	準備をして庭に連れ出す（担当・副担7名）	
40			外遊びを見る（午前睡を見る）	
50		外遊びを見る	担当・副担の子を部屋へ（衣服の始末，手洗い）	
10:00	部屋で遊ぶ	担当・副担の子を部屋へ（衣服の始末，手洗い）	外の片付け	入室（伝達）
10		休憩（コップ下げ，人数報告）	遊びを見る	遊びを見る
20		休憩から戻る		
30	食事（＋排泄）	遊びを見る	（食事の搬入）食事の準備 fgの排泄→食事→ベッドへ	
40				
午睡		hiの排泄→食事→ベッドへ		
50		abの排泄→食事→ベッドへ		
11:00		cdeの食事→ベッドへ	遊び・午睡を見る	jklの排泄→食事→ベッドへ
10			（6台コットを敷く）	
20		午睡を見る	室内の整理	mnoの排泄→食事→ベッドへ
30				
40		食事回りの片付け		午睡を見る
50				
12:00		休憩	休憩	
30				
1:00			午睡を見る（週によりAかB）	休憩

●例6図：1歳児クラスの日課（1月）

〈作成〉　6月1日

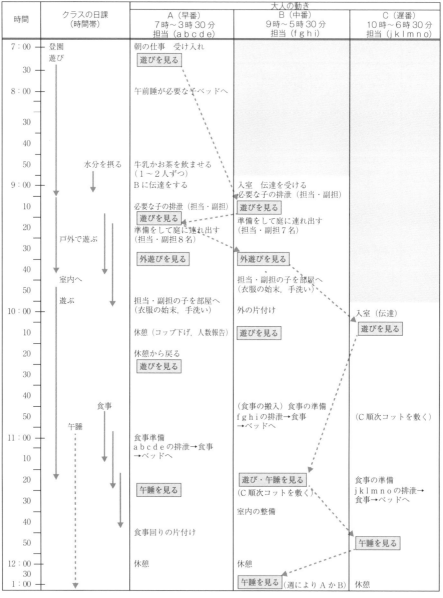

時間	クラスの日課 （時間帯）	大人の動き		
		A（早番） 7時～3時30分 担当（ａｂｃｄｅ）	B（中番） 9時～5時30分 担当（ｆｇｈｉ）	C（遅番） 10時～6時30分 担当（ｊｋｌｍｎｏ）
7：00	登園 遊び	朝の仕事　受け入れ 遊びを見る		
30				
8：00		午前睡が必要な子ベッドへ		
30				
40				
50	水分を摂る	牛乳かお茶を飲ませる （1～2人ずつ）		
9：00		Bに伝達をする	入室　伝達を受ける 必要な子の排泄（担当・副担）	
10		必要な子の排泄（担当・副担） 遊びを見る	遊びを見る	
20	戸外で遊ぶ	準備をして庭に連れ出す （担当・副担8名）	準備をして庭に連れ出す （担当・副担7名）	
30				
40	室内へ	外遊びを見る	外遊びを見る	
50	遊ぶ		担当・副担の子を部屋へ （衣服の始末，手洗い）	
10：00		担当・副担の子を部屋へ （衣服の始末，手洗い）	外の片付け	入室（伝達）
10		休憩（コップ下げ，人数報告）	遊びを見る	遊びを見る
20		休憩から戻る 遊びを見る		
30				
40				
50	食事		（食事の搬入）食事の準備 ｆｇｈｉの排泄→食事 →ベッドへ	（C順次コットを敷く）
11：00	午睡	食事準備 ａｂｃｄｅの排泄→食事 →ベッドへ		
10				
20		午睡を見る	遊び・午睡を見る （C順次コットを敷く）	食事の準備 ｊｋｌｍｎｏの排泄→ 食事→ベッドへ
30			室内の整備	
40				
50		食事回りの片付け		午睡を見る
12：00		休憩	休憩	
30				
1：00			午睡を見る（週によりAかB）	休憩

例5図，例6図は，1歳児クラスの6月と1月の日課です。

年度始めのⅠ期は育児に長い時間を要しますが，半年もすると遊ぶ時間が長くなります。遊んでいる子どもを中心にして，そこから育児に誘いますが，いつも子どもの遊びを見ている保育者がいるようにします（点線でつなげています）。やがて遊びから食事や午睡に中心が移っていきます。

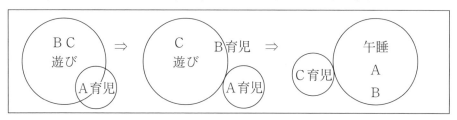

最初の食事に向けて排泄が始まった時は，遊ぶ子ども達が中心にいる，遊びの中から1人の子どもを連れて行き，終わったら遊び場に戻す。Aが，続いてBが食事を始めた段階でも遊び場が中心です。Aが午睡に向かいCが食事に向かった時，中心は遊び場から午睡をする場所に変わります。Cが食事の配膳をする間，Cと食事する子ども達は，Aに見守られながら食事が用意されて呼ばれるまで遊び続けられます。

③課題分担

担任がそれぞれ担当する子どもの育児をする時，担任は同じ時間帯に課題を分担しながら共同します。

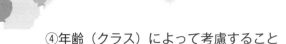

④年齢（クラス）によって考慮すること

●例7図：0歳児クラスの日課（子どもの日課・大人の日課の例）

0歳児Aクラス

子ども数　　在籍7名（当日6名：8ヶ月〜14ヶ月）

保育者　　　2名（勤務8：30番／10：00番）

撮影時期　　2月　午前睡（午前9時半頃）〜午睡

子ども日課		時間	担任A（8：30〜5：00）	担任B（10：00〜6：30）
順次登園		7：00	早番（7：00）が0歳児2部屋の子どもを受け入れる。	
遊びコーナー又は午前睡		8：30	入室 早番から伝達を受ける。	
		9：00	午前睡を見る ↓	
遊び		10：00	目覚めた子どもから起こして オムツ交換→遊びへ 遊びを見る	入室　伝達を受ける 遊びを見る オムツ交換→遊びへ
	食事	10：25	↓	食事の準備をする。 食事をさせる。　①→遊びへ ②→遊びへ ③→遊びへ ④→遊びへ
		11：00	⑤食事をさせる ⑥オムツ交換→食事→ベッドへ ⑦オムツ交換→食事→ベッドへ （午睡を見る） ⑤のオムツ交換→ベッドへ	遊びを見る ↓ ①②③④のオムツを交換して ベッドへ
午睡		12：00	休憩・食事	午睡を見る

低月齢クラスの例です。

　①〜④の子は抱いて，⑤は椅子に座って食べます。⑥13ヶ月と⑦14ヶ月の子は2人で食事をします。

　育児のために出入りの多い0歳児クラスは，保育者の協働によって，午睡に入る瞬間まで遊んでいる子ども中心の雰囲気を保って，子どもの自由と一

人一人の子どもとの濃縮な育児を継続させていきます。

　→で示されているように，遊び場から育児に誘い，遊び場に子どもをかえすように保育者が協働します。育児から戻ってきた保育者が遊んでいる子どもとコンタクトをとったら，もう1人の保育者が次の育児に向かいます。その瞬間，子ども達は誰かが育児に行くことと，でも自分の時間を邪魔されないことを感じとり遊びを続けます。

　椅子に座って2人で食べる子が増えて食事時間が繰り上がれば，①〜⑤の子も食事後は午睡に向かう日課に移行します。遊びの時間が増え，子どもの生活の日課が確立していきます。

　このクラスは，育児の場所は遊び場と仕切られていること，睡眠には木製ベットを使っていること，食事は給食室から運んできた栄養士が食器棚に設置していく等の条件が子ども中心の日課の遂行を助けています。

●1歳児クラス

　1歳児クラスは，担当する子の人数が増えて，特に6月頃までは育児に追われます。

　オムツをつけている子どもがほとんどですし，午前睡の必要な子もいます。しばらくは新入児の食事は1人ずつでしょう。そのため戸外に出られる時間を充分にはとれませんが，2ヶ月も経つと2人ないしは3人で食卓を囲むようになります。午前中の排泄も，庭に出る時と食事前以外は誘う必要のない子も増えてくるので，遊ぶ時間も外遊びも少し長くなります。

　Ⅲ期，必要な時に自分からトイレに行くことを告げられる子が多くなりますが，庭に出る時と食事前に排泄に誘うことは変わりません。食事は大体，担当ごとに座って食べられるようになるので，10分，15分と遊ぶ時間を長く確保することができます。変化があったらその度に計画を作り直すことが必要です。

　遊びから食事に誘う時，子どもの遊び場が中心に保たれるように保育者が共同できる計画を立てましょう。最後の子達の食事が始まった時にクラスの

中心は遊びから食事と午睡に移ります。

　部屋から戸外に出る時，一人一人の子の支度をして庭に出すにはどうしたらよいでしょうか？　遊びの場から一人ずつ子どもを連れてきて支度をするやり方は次の子を迎えに行く間，支度が終わった子どもを見ている人がいません。保育者が担当している子ども達を誘って，その中で1人の子どもの支度をする，まだ遊びの場でウロウロしている子，自分の帽子や上着を探して着ようとする子，世話されている子どもにへばりついている子ども達。

　世話をされている1人の子どもと保育者に対して，見通しをもって待っていられるのは担当との信頼関係が成立させることだと思います。

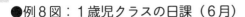

●例8図：1歳児クラスの日課（6月）

日課　組織された子どもの日課と大人の動き（午前中）（子ども15名／保育士3名）

〈作成〉　6月1日

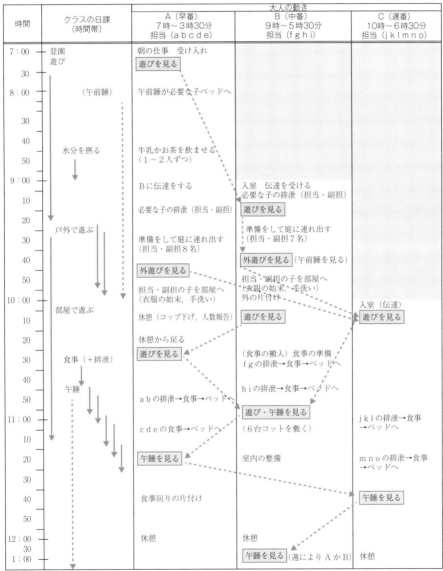

時間	クラスの日課（時間帯）	大人の動き		
		A（早番）7時～3時30分 担当（ａｂｃｄｅ）	B（中番）9時～5時30分 担当（ｆｇｈｉ）	C（遅番）10時～6時30分 担当（ｊｋｌｍｎｏ）
7：00	登園 遊び	朝の仕事　受け入れ 遊びを見る		
30				
8：00	（午前睡）	午前睡が必要な子ベッドへ		
30				
40				
50	水分を摂る	牛乳かお茶を飲ませる（1～2人ずつ）		
9：00		Bに伝達をする	入室　伝達を受ける	
10		必要な子の排泄（担当・副担）	必要な子の排泄（担当・副担） 遊びを見る	
20	戸外で遊ぶ	準備をして庭に連れ出す（担当・副担8名）	準備をして庭に連れ出す（担当・副担7名）	
30				
40		外遊びを見る	外遊びを見る（午前睡を見る）	
50		担当・副担の子を部屋へ（衣服の始末、手洗い）	担当・副担の子を部屋へ（衣服の始末、手洗い） 外の片付け	
10：00	部屋で遊ぶ	休憩（コップ下げ、人数報告）	遊びを見る	入室（伝達） 遊びを見る
10				
20		休憩から戻る		
30	食事（＋排泄）	遊びを見る	（食事の搬入）食事の準備 ｆｇの排泄→食事→ベッドへ	
40	午睡		ｈｉの排泄→食事→ベッドへ	
50		ａｂの排泄→食事→ベッドへ		
11：00		ｃｄｅの食事→ベッドへ	遊び・午睡を見る（6台コットを敷く）	ｊｋｌの排泄→食事→ベッドへ
10				
20		午睡を見る	室内の整備	ｍｎｏの排泄→食事→ベッドへ
30				
40		食事回りの片付け		午睡を見る
50				
12：00		休憩	休憩	
30				
1：00			午睡を見る（週によりＡかＢ）	休憩

●例９－１図：２歳児クラスの日課（４月　午前７時～午後３時）

日課　組織された子どもの日課と大人の動き（午前中）（子ども16名／保育士３名）

〈作成〉　４月１日

時間	クラスの日課（時間帯）	大人の動き　A（早番）7時～3時30分　担当（abcdef）	大人の動き　B（中番）9時～5時30分　担当（ghijk）	大人の動き　C（遅番）10時～6時30分　担当（lmnop）
7：00	登園 遊び	朝の仕事　受け入れ		
		遊びを見る		
30				
8：00				
30		お茶を飲ませる（1～2人ずつ）		
	水分を摂る			
9：00		Bに伝達をする	入室　伝達を受ける	
	戸外で遊ぶ　出る支度	準備をして庭に連れ出す（担当児＋副担９名）		
10			遊びを見る	
20		外遊びを見る	準備をして庭に連れ出す（＋副担７名）	
30			外遊びを見る	
40				
	室内へ　服等の始末	担当・副担の子を部屋へ（衣服の始末，手洗い，必要により排泄の世話）		
50	遊ぶ			
10：00		休憩	担当・副担の子を部屋へ	入室（伝達）
				遊びを見る
10			遊びを見る	
		休憩から戻る		
20		遊びを見る		
30			担当児の排泄	
40	排泄と食事			
		（食事の搬入）→食卓の設定，手拭き準備		
50			配膳をして担当児の食事→ベッドへ	B担当児のベッドを敷く
11：00		担当児の排泄		
10			遊び・午睡を見る	担当児の排泄
20	午睡	配膳をして担当児の食事→ベッドへ	A担当児のベッドを敷く 午睡を見る C担当児のベッドを敷く	配膳をして担当児の食事→ベッドへ
30				
40			室内の整備	午睡を見る
		食事回りの片付け		
50				
12：00		休憩	休憩	
30				
1：00		午睡を見る（ABが週によって交代）		休憩

時間	クラスの日課 （時間帯）	大人の動き A（早番） 7時～3時30分 担当（ａｂｃｄｅ）	B（中番） 9時～5時30分 担当（ｆｇｈｉｊ）	C（遅番） 10時～6時30分 担当（ｊｋｌｍｎ）
2：00		午睡を見る→AB が週によって交代する。		
10				
20				
30	目覚める　排泄　着がえ	排泄しない子を遊びへ部屋の設定　遊びを見る 子どもを起こし着がえ，排泄	子どもを起こし着がえ，排泄→遊び場へ	子どもを起こし着がえ，排泄
40	遊び　午後食			寝具の片付け
50		午後食を食べさせる	食卓，手拭きの準備 午後食を食べさせる	午後食を食べさせる
3：00				
10		食事の片付け	遊びを見る	
20				休憩
30		（必要な子の排泄） 伝言をして退室		休憩から戻る
40	外に出る		（必要な子の排泄） 担当，副担の子を庭へ	遊びを見る
50				（必要な子の排泄） 担当，副担の子を庭へ
4：00				
10				
20	室内へ		担当，副担の子を部屋へ	
30	順次降園		遊びを見る	担当，副担の子を部屋へ
40			（必要な子の排泄）	（必要な子の排泄）
50				遊びを見る
5：00			夕方の仕事をする	
				（水分の補給）
30			伝達をして退室	
				伝達を受ける
6：00				
	7時迄の子は延長保育の部屋へ移動			掃除機をかける 後片付けをする 退室
30				
7：00				

●例10図：2歳児クラスの日課（12月　午前10時〜午後3時）

時間	クラスの日課（時間帯）	大人の動き		
		A（早番）7時〜3時30分 担当（ａｂｃｄｅｆ）	B（中番）9時〜5時30分 担当（ｇｈｉｊｋ）	C（遅番）10時〜6時30分 担当（ｌｍｎｏｐ）
10：00		休憩	担当・副担の子を部屋へ	入室（伝達）
10		休憩から戻る		遊びを見る
20		遊びを見る		
30				
40	食事　排泄		遊びを見る	担当児の排泄
50		（食事の搬入）→食卓の設定，手拭き準備 担当児の排泄		
11：00				配膳をして担当児の食事 →ベッドへ
10				
20	午睡	配膳をして担当児の食事 →ベッドへ	C担当児のベッドを敷く 担当児の排泄	
30			配膳をして担当児の食事 →ベッドへ	遊び・午睡を見る
40		トイレ回り・食事の片付け	午睡を見る	A担当児のベッドを敷く B担当児のベッドを敷く
50			室内の整備	
12：00		休憩	休憩	午睡を見る
30				
1：00		室外で仕事	午睡を見る	休憩
30			（週によりA・Bが交代する）	
2：00				室外で仕事
10				
20		排泄しない子を遊びへ 部屋の設定	子どもを起こし着がえ，排泄 →遊びへ	子どもを起こし着がえ，排泄→遊びへ
30	目覚める	遊びを見る	（寝具の片付け）	（寝具の片付け）
40		子どもを起こし着がえ，排泄		食事の準備
50	午後食			
3：00	遊び	午後食を食べさせる	午後食を食べさせる	午後食を食べさせる
10				
20		遊びを見る		休憩
		（必要な子の排泄）	食事の片付け	休憩から戻る
30		伝言をして退室	遊びを見る	（必要な子の排泄） 担当，副担の子を庭へ
40	外に出る			
50			（必要な子の排泄） 担当，副担の子を庭へ	

86

子どもも保育者の動きによって，クラスの日課に共同するようになり，何事にも時間がかからなくなります。つまり誘われれば自らトイレに行き，庭に出るために遊具を片付けて支度に取りかかるようになるからです。保育者の手助けを必要としながら，主体として行動することができるのです。

　例えば，午睡から起きた子どもを担当毎に順次子どもを起こして育児をする，済んだ子は遊び出すような時間帯，Ａは，もう目が覚めて排泄を済ませている子が遊んでいられる場所を作る→同時に最初に午後食を食べさせるＣは，担当の子の世話をする→次にＢも，担当の子どもを世話をする。Ａは身支度の終わった子の居る場所を確保しながら部屋の整備をし→Ｃが世話を終わり午後食に準備にかかる頃，Ａは担当の子どもの世話をしてから配膳をして食事に誘います。

　この間15分位のことですが，子どもにもどういう手順の中で行われているか伝わって，自ら日課に参加しようとします。クラスの日課は子ども達の生活となって，自らが参加するようになり，保育者とも共同することが増えます。

●担当２人の場合

　継続する日課は，２人が同じ時間帯に育児を行える３人体制が有利です。

　特に年度始めは排泄や食事に時間がかかりますので，人数によってはその期間だけでもサポートを頼み遊びを見てもらえると助かります。

　２人で遊びから午睡までの流れは，Ａは担当の子を排泄に誘い，遊び場に戻す。ワゴンが運ばれてきたら，Ｂは遊んでいる子どもの集中が散漫にならないよう，より子どもの遊びに注目すること。Ａは手際よく配膳して，食事に子どもを誘います。

　Ｂは遊びに注目しながら，Ａの子のベッドを準備する。Ａは次に食事をする子の排泄をして食事へ。食事が済んだら，午睡と遊んでいる子どもを見る。

　Ｂは子どもを排泄に誘い食事へ。Ａは遊んでいる子に注目しながら，Ｂの子のベットの準備。食事が終わって子どもが排泄に誘われたのを見計らって

子どもと一緒に部屋を片付け，午睡を見る。このような保育者の共同が行われた時，子どもは継続した日課の中で過ごすことができると思います。

　継続した日課の目的で一番大切なことは，育児の時間が，質のあるものになる，つまり育児が，教育になると言えます。育児の時間がゆっくりと，たっぷりとした時間であれば，そこでは保育者と子どもは一対一なのですから，子どもの方も，共同することができる，保育者も落ち着いて働きかけることができるし，子どもも落ち着いて自分の行為をすることができます。

　日課の流れが分かっていれば，その保育者が育児をしていない他の子ども達も，落ち着いて遊びを続けることができます。自分の順番がいつ来るかが分かっているので，落ち着いて遊んでいることができます。その順番性ができていて，落ち着きがあれば，子どもたちは，不必要に待つことがなくなります。不必要に待つことがなければ，子ども達の中にも緊張がないということです。

　その落ち着いた雰囲気の中で，育児も落ち着いてできるので，その子一人一人に対した援助ができるようになってきますし，遊びの中でも，子どもにふさわしい援助が可能になってきます。安心した雰囲気があって，子ども自身も，安心して行為ができて，次にどういうことが起こるのか，前もって分かれば，安心して過ごせるので，そういう状況があって初めて子どもは何か行為をしたり，遊びたいと思えるようになります。そしてそこに，ふさわしい援助をしてくれたり，一緒に喜んでくれる保育者がいれば，成功感をもって過ごすことができます。

❸ 道具・遊具

（1）設備・家具

● テーブルと椅子・ベッド入れ・収納棚・食器棚・遊具棚

　保育室に置かれる道具は，子どもの身のうちに大きすぎず小さすぎない身体のサイズと運動機能の発達に適ったものであることが基本です。

　・遊具棚

棚はしばしば空間を仕切るのに使われ，移動することがあります。

　遊具棚は，子どもが立ったら回りが見える高さで横長，奥行幅を広くして安定して置けるようにします。

・抱いて食べさせる保育者のテーブルと椅子

・子ども用のテーブルと椅子

　０・１歳児用の座って食べるテーブルは一辺に１人座れるもので，両手が自由に動かせるように両脇があいているもの（介助もしやすい。同じ理由で，２歳児も一辺に座るのは２人迄のサイズがよい）。

　椅子は肘掛けのない椅子を使います。

　テーブルも椅子も，通常使う高さと異なるサイズを１〜２脚用意しておき，子どもの成長に合わせて入れ替えます。

　テーブルは，子どもが充分に手を動かして使えるように，椅子に座った子どもの肘が載せられる高さにします。

● （例）子ども用テーブルと椅子

０・１歳児（２サイズ）　　　　　　　２歳児（既製品）

抱いて食べさせる
保育者用のテーブル

・ベッド

　集団生活の中で１歳児クラスまでは，柵のあるベッドを使いたいです。

　０歳児クラスには産休明けの子ども用に，常に視界に入るような高さの
あるナーサリーベッドを１～２台置きます。１歳児組後半からコットを使
えます。

・オムツ交換台

　子どもから目を離さないで交換するために，必要な物はオムツ台に付属
させます。子どもが置かれる面は安全のために充分な広さをとります。

（2）食事に使うもの

a）食器棚

b）食器

c）食器具（盛りつけ用鍋，ポット　など）

d）子ども用エプロン，お手ふき

　献立を和式か洋式にするかによって，食器の種類を決めます。保育園では
1歳を過ぎた子どもは保育者に介助されながらも自分で食べます。運動発達
の面からも，子どもの実力で食べられる献立内容と食器を揃えて，小さい食
器から解放します。

e）洗面台

　衛生の面からも援助するにも独立した1人用がよいです。多くても2台。

　水の出方に色々なタイプがありますが，いずれかの方法で自分で水を止め
る機能を選びたいです。

f）便器

　乳児・幼児とも同じサイズにして，できないことは手伝います。

g）個人用ロッカー

（3）子どもが使う道具

●遊具・その他

a）遊具（「遊び」の項を参照）

b）遊具を収納するカゴ

c）運動用遊具

d）遊びに使う家具（流し，台，机）

　1歳児はⅡ期になると平衡感覚が発達して，立って遊ぶことが増えます。
テーブルより少し高めの台。2歳児は再現や世話遊び用に簡易な台所セット，
食卓にして使える机など。

●家具等の参考サイズ

道具	幅	奥行	高さ	説明
ナーサリーベッド　既製品	105	66	133	床下54cm
木製ベッド	104	67	77	
オムツ交換台	96.5	80	92.5	
食事用テーブル（保育者用）	80	50	60	カーブの真ん中　40cm
食卓（0・1歳子ども用）	60	60	38.5	5cm広くするとよい
食卓（2歳児）既製品	60	90	42	高さ調整可能
便器　既製品	29	40	42	
2歳児用台所セット（空間の項）	168	36	50	

・保育室で使う家具や道具の例として掲載した物のサイズ。
・人数や部屋の広さなど条件は違いますので，一つの目安としての参考例（木製ベッド，オムツ交換台，食事用テーブルは松の実保育園オリジナル・シイナ巧作所製作）

第 **4** 章

育児
について

1 育児の課題

「育児」は子どもを養い育てること全般を意味するのですが，ここでは，食事，排泄，睡眠などの子どもの生理的必要性を充足させる，狭い意味での「育児」を指します。

保育園での育児の課題は2つあります。

①生理的・生理的要求を充足する。

　（食べる…排泄・清潔にする，睡眠…衣服，履物の着脱……等々）

②育児をすることを通して，生活習慣の自立性の形成をする。

　生活習慣が自らの要求になること，社会化に向けて自立することを助ける。ユニセフは手を洗うことが世界中で年間100万人の命を救えると，毎年10月15日を"世界手洗いの日"にしているが，自分の要求となった生活習慣は，健康を守ることへつながっている。

子どもは日常生活の中で見たり聞いたりすることや，自分自身で遊ぶことを通して様々なことを感じ，学んでいきますが，殊に育児を通して色々なことを学習しながら獲得します。保育者が毎日世話をすることの中で，同時に教育も行われ子どもの発達を助けています。育児の中に教育があり，育児（養護）と教育が一体となって行われます。

育児は保育者が主導しますが子どもも参加します。抱いて哺乳するのは保育者ですが，乳首をくわえて乳を飲み込むのは子どもです。子どもの精神的・身体的機能の発達に沿って共同することによって，個々の習慣が形成されることで，年齢に相応した自立性を目覚めさせます。

2 育児の種類と段階

子どもは育児を受けながら，生活に必要な習慣を形成します。

習慣は，いくつかの部分行為が練習され統合されることによって形成されます。"手を洗うこと"は，保育者に手を洗ってもらっていることから，水

に手を差し出す，手をこする…と部分的に参加して，やがて見ていてもらう
だけで自分で手を洗うことが身につくようになります。"頑張って""ちゃん
として"と励まされても，何をどのように頑張ったらよいのか伝わりません。
発達の過程で習慣を形成する部分行為とその順序性が，何をどのように手伝
うか，何の"練習"をするのか子どもも理解して，保育者に助けられ共同し
ながら習慣を形成します。

　次頁表１の生活習慣の形成の経過は，大人が子どもの介助をするための目
安として，古い資料ですが参考になります。

●表１：（0歳～3歳）生活習慣（育児段階）形成の経過（ひな型）

月齢	食事の段階	食事の仕方	排 泄	睡 眠	清潔・着脱
2	離乳食準備	抱かれて食べる スプーンが触ると口を開ける スプーンを見ると口を開ける	オムツを替える 哺乳前後，又は 寝る前，起きた 時など	生理的 要求で 眠る	着脱に参加する
4	離乳食開始	コップから飲む		↓ 園で	
6	離乳食中期	ビスケットを持って食べられる		↓ 3回寝	身体の清潔に参加する
8					
10					
11					
12	離乳食後期		オムツが濡れていない時，オマルに座る練習ができる	2回寝	
13	椅子に座って食べられる ２スプーン	エプロン，手を拭くことを待てる			
14		コップを傾けて飲める パンを手に持って食べられる			顔や手を洗ったり拭く時，自分から手や顔を出す
16	1対2（2人の子どもを大人1人で食べさせる）	コップを両手で持って飲める	オムツを外してパンツになる		戸外に出る時，靴を出したり帽子をかぶろうとする
18					
20	1対3（同じテーブルに3人座る）	"どうぞ"と出されたものが取れる。触ったものは取る 食後，エプロンを外そうとする		1回寝	鼻水が出たら知らせる
22			大人の助けをかりてパンツを下げてトイレを使う		助けられて靴を履こうとする
24		"欲しい""いらない"をことばで言える エプロンを自分でつける			大人と一緒に，着がえカゴを取りにいく，パンツ，ズボンを脱ぐ，脱いだものをまとめようとする
26	大体テーブルでまとまって食べ終われる（4人）	勧められたものから，自分の分を取れる 左手で皿を添えて食べることが安定する	大人と一緒に手を洗う	自分で寝る場所に行かれる	鼻水を拭く，かもうとする 食前に手を洗う
28			大体漏らさない		大体，自分で靴を履く，脱ぐ
30	ほとんど1人で食べられる。	おいてある共同の皿の中から食べ物を自分で取れる			ボタン，スナップを外す 鼻水をかむ
32	自分で椅子を引き座る。 食後，椅子を入れることができる		必要な時，トイレに自分で行ける。（大人は見ている）		大人に助けられてクシャミや咳の時，口に手を当てる パンツ，ズボンを履く
34					
36	年齢に合った調理・献立なら，汚さないで自立して食べられる		便意を知らせる 排尿後，大人の助けで紙を使い，水を流す		大人が見ていれば，大体1人で手を洗える
38					やさしいものは大体脱げる，着れる
40			午睡時もほとんど漏らさない。 1人でトイレに行ける		助けをかりて髪を梳かす 水を体にはねかけないで手を洗う。袖を手洗い後下ろす助けをかりて，石鹸を使う
42					
44					
46					

この表は大人が子どもの介助を丁寧にするための目安で，子どもの発達を示すものではありません。

3　育児の実際

① 食事

　表1の生活習慣形成の経過「食事」の項では，抱いて哺乳することから始まり，離乳食準備では，"スプーンが触れると口を開ける"から"スプーンを見ると口を開ける"経過が見られます。1人で食べられるのはおおよそ3歳頃ですが，その間に背筋がしっかりすれば両手を使えるので椅子に座って自分で食べることができます。2人，3人と一緒に食卓を囲めるようになるのは，複数でも保育者が一人一人の子どもの介助が可能になるからです。

哺乳する。量が少なくなるとともに哺乳瓶の底を高くする。

（1）子どもが学ぶこと

　食事への手順（排泄⇒食卓につく⇒手を拭く・エプロンを付ける），食事の仕方（摂食機能の獲得）⇒自分の食べる量が分かり足りない時にはおかわりを頼む，嗜好，食器具の扱い方⇒「人の皿には手を出さない」等の食事のマナー⇒座った姿勢を保ち，片手を食器に添えてスプーンを口まで運んで食べられます。

（2）食べさせ方

①抱いて食べさせる

　子どものお尻が一点に定まるように，子どもの右腕を押さえ込まず動くようにします。子どもの口元が見えるように抱いて（左腕）椅子に座ります。左腕のわき下で支え，子どもの腕を自分の胸や腕で押しつけてしまわないように。こうすることにより，子どもは体全体の動きを伴った自分の自由な両手を哺乳瓶やコップの方に持っ

抱いて食べさせる

ていこうとします。

　食べさせ方は，食べ物を皿からスプーンですくい口元に運びます。

　口を開けたら下唇にスプーンを運びます（口の中に入れない）。流動食は上唇ですくい（捕食），嚥下，固形物であれば舌で咀嚼して嚥下します。また，スプーンを口元に運び口を開けたら下唇に運ぶ。口を開けなかったら待つか，スプーンを運び直します。何かに気をとられていてもこちらに向くのを待って，口元にスプーンを運びます。

　口腔機能の発達によって食べ方は変わりますが，スプーンを口元に運ぶタイミングと子どもが口を開けるタイミングが合うと，"取りこむ→咀嚼→嚥下"をする運動が起こります。せかせないが，間をあけずに子どもと呼吸を合わせて規則的なテンポをつくり出しながら食べさせます。

【11ヶ月男児の食事（抱かれて食べる）】

　抱かれて食卓に座る→皿を指さすように右手を出す→エプロンをする時首を前に→保育者は話しかけながらスプーンで食べさせる→子どもは口を開けて取り込む→同室で泣いている子がいる方を向く→スプーンが出されたのと同時に口を開け食べる→何度か繰返した後，泣声が止むと左手を挙げて振り下ろす→食べる→左手で皿を指し食べたいものを示す→コップで牛乳を飲む→食べたいものを指さす→繰返す→テーブルを左手でいじる→再び泣き出した声の方を見る。左手の指をしゃぶる→食べるが体がずれたので体を動かす→保育者が体位を直す→食べる→遊び場から保育者の声が聞こえると左手を挙げて反応する→（7分）左手をテーブルにのせて食べる→お手拭きをいじる→テーブルをいじる→左手をげんこつにして舐める→コップを指さす→牛乳を飲む→いらないとコップを左手で押し返す→一口食べるが体を右に向ける（いらない）もう一度体を右に向ける（10分）→牛乳を飲み終わると左手を頭の後ろに回す→エプロンをとる。タオルで手を拭く時手をさし出す→あくびをする。

食事をしている10分余りの記録です。

　保育者が差し出すスプーンに自ら口を開けて食べながら，周りに起きていることにも反応しています。食べたいものを示し，いらないものは手で拒否します。7分を過ぎた頃には疲れてきて，体の位置がずれて片手を頭の後ろに回したり，食卓をいじったりして集中がきれたことが分かります。

　子どもは表情で，動きで意思（無意識？）で表し，このかすかな表現を保育者は受けとめて応えて食事を進めています。育児は子どもとのコミュニケーションを通して行われています。

②椅子に座る　1：1，1：2，1：3（ツースプーン）

　子どもは椅子に座って自分のスプーンを持ちます。保育者は柄の長い介助用スプーンを持って，ツースプーンでの食事が始まります。せかせないが間をあけずに規則的なテンポをつくり出しがら，最初はほとんど食べさせます。

　基本として，汁物，食べ物，飲み物は食卓にセットしておきます。

　手に持って飲むコップは置いたところから取って飲み，飲んだら元に戻ます。できないことは助けます。まもなく，子どもは手を伸ばしてコップを取って飲み，元の場所に戻すようになります。

　次に，同じくらい上手に食べられる子ども2人に保育者が1人で食べます。個人的な接し方は保育の原則です。2人で，3人で食べるようになっても，みんなにではなく世話をする子に向かって介助をします（全体を把握しながら1人に集中する）。他の子は誰の必要に保育者は応じているのかを理解して，自分のところ来るのを待つことができます。

　当然なことですが，一人一人の助け方は違います。子どもの食べる様子から，よくこぼすのは一口量が多いのかもしれない，食事のテンポができていない，椅子とテーブルの高さが合っていない等，何が不具合なのかを考えます。大抵のことは，保育者がツースプーンでスプーンに盛る量を加減する，テンポを助けること等で改善することができます。

③担当ごとに　1：1～1：4で食べる

1人で

2人の食卓

4人の食卓

（3）移行する目安

　献立と食器が適当であれば，2歳過ぎには1人で上手に食べられる子もいますが，自分で食べられるようになるのは3歳前後です。

　抱かれて食べていた子が，歩くようになって椅子に座って食べることにより手の動きが自由になります。子どもの発達の経過に従って，食べさせ方を移行します。

①歩行が始まる・背骨がしっかりする・椅子から立ち上がることができる→両手が上がって使えるようになる。→椅子に座って食べる。

　子どもは1人で椅子に座って，自分用のスプーンを貰う。保育者は介助用スプーンを持って，ツースプーンでの食事が始まる。

②1人でかなり上手に4～5割を食べられるようになった担当している子どもと2人が一緒に食事をする。⇒①・②の間隔の目安：10日～3週間。

③順次，一緒のテーブルを囲む人数を増やしていく。0歳児は1：3まで。

　3人の内2人が8割がた食べられれば，3人目は介助の必要な子を組み合わせて食事をすることができる。

　1歳児でもクラスの人数にもよるが1：4（1食卓）で。大人数のクラスでは，後半になれば，担当ごとでの食事が可能になる。

（4）食事準備の手順

　食事はワゴンが部屋に運び込まれた時から始まります。

　遊びながら自分の食事が配膳されるのを子どもは待っています。保育者が目で合図をしたり，コップにお茶が注がれたら食卓にやってきて座ります。ワゴンが運ばれた時から食事の配膳まで，常に順序を守って準備します。

　園によって献立，食器などの条件は様々ですが，どのような手順で食事配膳をしているでしょうか。

　・食事コーナーにワゴンが運び込まれたら食事の用意をする

　・ワゴンから食器やお鍋を台に移し，手拭きタオルとエプロンを揃える

　・椅子やテーブルを整えてからテーブルを拭く

　・食卓に手拭きとエプロンをセットする。メインの皿とスプーン，次にコップを置く（または最後に飲み物を入れたコップをトレイに載せて運ぶ）

　・皿に献立を盛りつける。汁物をトレイで運ぶ。飲み物をコップに注ぐ。コップに飲み物を注いだところで，既にそこに来ている子は椅子に座る。他の子も来て着席する。保育者は座った子から座り方を確認し，エプロンを着け（着けるのを手伝い），タオルで口元，両手を清潔にしてタオルを置く。"どうぞ召し上がれ"と食べるのを促す

　これは洋食器を使った給食です。個々の排泄後，一緒に食卓を囲む子の配膳から食事をする園の例ですが，献立内容や食器などの条件により，手順は違ってきます。いずれにしろ食事までに沢山の準備が必要です。クラスで合理的な手順を決めて，食器に触るのを最小限に留めて衛生的に配膳すること，また，何をしているか分かる（子どもに感じられる見える環境）ことが，遊んで待っている子どもに安心感を与え，"コップにお茶が注がれたら"食卓に来て着席するという自発的行動にもつながります。

　大事なことは，衛生的に準備することと，子どもが椅子に座ったところから１人の子と対して，親密な世話ができることです。

最初に食卓についた子にエプロンを着け，手を拭く等の世話をする間，他の子たちは立ったまま自分の椅子に手をかけて待っていたり，エプロンを広げるなどしながら保育者を待ちます。世話をされる子は，僅かな時間ですが大事にされている自分の存在を感じ，例えば，エプロンを自分で着けられるようになった喜びを保育者と共有して食事を始めます。

　合理的で衛生的な食卓を準備する手順を担任同士で共有すること，安定した食器の置き場所，配膳に適した鍋や食器について，給食担当者とも相談して条件をつくりましょう。

（5）献立・食器

　子どもの必要から言えば，給食はおいしくて食べやすいことです。

　"食べやすい"とは，給食の献立と調理の状態，それを入れる食器具が子どもに扱えるかどうかによります。

　保育園では，大体歩行が始まる1歳を過ぎた頃から椅子に座って自分で食事をしますが，運動機能の面からもメインの器はスプーンを持つ手を腕から動かして食べられる大きさで少し重みがあって，両手で扱える食器がよいと思います。コップと汁物の器は両手でつかめるサイズ，スプーンはティースプーンサイズでボウルがふっくらして柄尻の幅があるものです。献立と調理の形態が先に進むと食器の形やサイズも変わります。発達に即した食器によって，子どもは持てる力を充分に使うことができるのです。

　従来の給食は日本の伝統的な食事文化がそのまま保育園でも継承されて，いくつかの小さな食器に大人が食べるのと同じような料理を食べるのが一般的で，子どもも介助する保育者にも大仕事でした。

　難しいのは献立内容で，この時期の子ども達が喜んで食べられる料理を作るのは簡単なことではありません。定番となっている料理からヒントを得ながら，「保育園における乳児期の給食」の新たな内容を創造することが求められると思います。それはやがては私たちが継承してきた食事文化につながります。

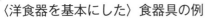

〈洋食器を基本にした〉食器具の例

 抱かれて食べる	皿 スプーン コップ	直径　15.5cm 高さ　4 ㎝ 大人用③ 直径　5.8cm 高さ　6 ㎝
 椅子に座って食べる 〜 1 歳児〜 2 歳児 	皿 スプーン コップ 献立により スープ椀 パン皿	直径　18cm 高さ　4 ㎝ 子ども用① 2 歳児を目途に⇒スプーン② 介助用④ 直径　6.9cm 高さ　6 ㎝ 直径　9 ㎝ 高さ　4 ㎝ 直径　13.5cm 高さ　5 ㎝
スプーンのサイズ	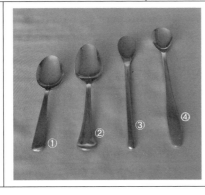	①座って食べる〜 1 歳児用スプーン 　サイズ〈12.5cm〉　つぼ幅（3 ㎝） ②2 歳児〜幼児組で使うスプーン 　サイズ〈14.5cm〉　つぼ幅（3 ㎝） ③離乳食を食べさせるスプーン 　サイズ〈17cm〉　　つぼ幅（1.4cm） ④食べ始めた子の介助用スプーン 　サイズ〈18.5cm〉　つぼ幅（1.5cm）

乳児期の食事について，昭和大学医学部向井美恵教授の講演のメモを，改めて先生が修正をしてくださり，掲載を許可して頂いたものをご紹介します。

赤ちゃんの学習—どうやって食べることを学ぶのか？

昭和医大　向井美恵氏（1985年頃の講演メモから）

（1）まず哺乳期

赤ちゃんはおっぱいを吸っている。例え2ヶ月頃ペースト状などを与え食べても，専門的には食べているのではない。

おっぱいを吸うのは，始め吸啜反射による。吸啜反射はしがみつきなどと同じように原始反射である。

原始反射は生後間もなく消えていく。いずれにしても一度吸啜反射が消えなければ，摂食機能は表れない。4，5ヶ月から消え始め，6，7ヶ月でなくなるのが一般的。その間にも経過がある。

（2）哺乳期の中での変化

0〜2ヶ月　吸啜反射のみ

　　　　　特徴：疲れるまで飲む。乳首を深く口にくわえる。

2・3ヶ月〜5ヶ月　遊び飲みと言われる。途中で休む，母親の顔を見たりする。

　　　　　→随意運動になっていく経過が始まると言える。

7ヶ月以降　口の奥に嚥下反射（嘔吐反射と同じ所にある）ができてくるため，乳首を浅くくわえるようになる。

↓

口腔領域（口の中やまわり）に2種類の違った反射があることに注目すべきである。

・哺乳期ないしは吸啜反射が支配的な時期＝種々の刺激に単一の反応をする

・摂食機能が作用する＝入ってきたものに対応した反応になっていく

生後2ヶ月以降　赤ちゃんは口の遊びの時間が生じてくる。

指しゃぶり，シーツなめ，ガラガラなめ，枕のひもしゃぶり等々，まだおっぱいしか飲めない時期に，これらの遊びが口腔領域内での新しい感覚－運動による活動を促進する。

　同時にこれら異種な（おっぱいとは違う）刺激が入ることにより，吸啜反射が消えることも助ける。

＊吸啜反射は不随意運動（やむを得ず，かまわず運動が起きる）である。食べることは随意運動で意志的なものである―とは言っても，食べようと思って食べるという意味での"意志"ではない。口の中に入ってくるものに対応した運動が働くように脳につながった神経回路ができている（感覚・統合機能）ことを指す。

（3）次に離乳期の経過

摂食行動は次の順序で行われる。　　　発達順序は異なっている

　　①捕食（口に取込む）　　　　　　②離乳中期

　　②咀嚼（つぶす，唾液と混ぜる）　③後期

　　③嚥下（飲みこむ）　　　　　　　①初期

発達順

①離乳初期（5・6ヶ月）嚥下機能の獲得－やや寝かせて抱き飲みこみを教える

　舌背面（上）が床面に平行になる姿勢がとれるように抱く（首がすわっているが，お座りができない時期）。均一のドロドロしたもの。

●学習

・舌先のものを奥に持っていく

　口を閉じた時自然に舌のものが後にいく→嚥下反射が誘発される。気道がふさがれて飲みこむ（口を閉じると自然に飲みこむ反射になる）。

＊奥に入れてしまうと嘔吐反射が誘発され，嚥下反射が誘発されなくなる。
＊子ども自身の動きを引き出すような介助をする。

　原始反射の時期，赤ちゃんは口の奥を使う。乳首を深く口に入れる。

　母音も，のど音から形成される。

＊離乳初期にあっては口唇（下唇）が，舌が突き出してこないように働く。

　②離乳食中期

●捕食の学習

・常に口に入れるものを見る，それに触れることによって，それに対応する
　動きが起きる（随意運動）

・量，大きさ，固さ，湿り具合が感じられるような食べさせ方

　捕食学習の部分（食べものが目に入る）→

　　　１．下唇に触れる－口が開く（量に従って）－閉じる

　　　２．上唇に食べものが触れる－こすり取ろうとする

　　　３．舌の前方で包み込むようにして口にとり込んだ食物を，上あごに押
　　　　す。口をふさぐ，少し強く押しつけると上あごで固さが分かる，舌で
　　　　大きさが分かる……。というふうに感じたことで適切な運動が起こる。

どういう情報をあげているか，食べさせる側の意識が大きく関わる。

　①アーンしなさい，かみかみしなさい，よく噛んで……は何の情報の提供
　　にもならない。特にアーンしなさいと子どもに口を開けさせて舌の真ん
　　中あたりにポンと食べものを突っ込む「アーンポン！」方式は，多くの
　　咀嚼機能不全の子どもの原因の１つとなっている。

　②舌の中の方は舌先に比べて感覚が鈍感である。舌先で捕食する練習がで
　　きるように離乳食を与える。前の方で捕食させると当然汚すことが多く
　　なる。これを嫌って口唇に触れずに口を開けさせるようにすることも誤
　　りに導かれる。

③そもそもヒトの触感覚で敏感な上位を上げると，次のようにそのような
　部分が集まっていることが分かる。
　　１．舌の先　２．指先　３．口唇　４．上あご

③離乳後期（９〜11ヶ月）　咀嚼機能の獲得

●運動の内容

　まず舌でつぶすことを学ぶ（舌でつぶれるという経験の獲得が第一にあ
る）。つぶし切れないものは歯茎に運ぶ，運んだものを歯茎でつぶす（アー
ンポン！は形のあるまま飲みこめ！と教えられる）。

　前歯（奥歯より７倍位敏感である）が出てくることにより，歯とあごの協
調で咀嚼される。どう噛むかの学習は歯根膜にかかる圧力（固い，柔らかい
等）が脳に情報を送ることで遂行される。

　ここでも再び遊びによる多用な刺激との接触
が確保される。即ち，歯がためなどで色々なも
のを噛むことにより，歯根膜の伸縮がきめ細か
く練習される。歯がためは，木のしゃもじ，ス
リッパなど弾力性のあるものがよい。歯がため
で遊ぶ時期10－18ヶ月。

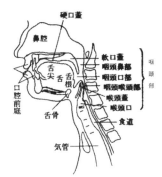

手づかみで食べることの必要性

　①大きいものを手に持って口に運ぶこと。

　　（器に入ったご飯などを手づかみにすることではない。）

　②スプーンという道具を子どもが使う前に，手づかみでものを前歯でかみ
　　取って口に入れることにより，

　　　・口の中に指をつっこまなくなる。　・手の平で押し込まなくなる。

　　　　　　　　　　　　　　↓

　　　＊「食べる」ということは，感覚運動系の学習である。

〈参考文献〉向井美恵・岡崎好秀著『じょうずに噛めるまでのワン・ツー・ステップ』芽ばえ社（1990年）

❷ 排泄

（1）排泄の間隔が一定する

必要な時にトイレに行き，自分で排泄をして始末をします。

衛生的な習慣をもちます（手を洗う，着衣を整える等）。

オムツを必要とする時期から，身体や神経系統の発達に従って尿を溜めておくことができるようになって，自分でトイレに行って排泄をすることができるようになるのは大体2歳前後です。

排泄の自立は，子どもの一人一人のテンポと発達に合わせて，日々の成長と保育者の援助によって形成されますが，特に子どもの感覚器官に注目して意識にのぼらせることが必要です。

家庭でも園でも使っているのはほとんど紙オムツです。"濡れても気持ち悪くないオムツ"など様々な紙オムツの進化が自立を難しくして，3歳を過ぎてもオムツを使ってる子も希なことではありません。

同じように「止めれば止まる」水道の蛇口は自分の行動と物との関係をコントロールすることができますが，進化した「手を差し出すと水が出て一定時間経つと止まる蛇口」は，物と自分とのコントロールを難しくします。

生活の各所にある"進化した物"たちは，子どもの自立にとっては難物です。便利な紙オムツを使ってどのように自立性を形成するか。現場での経験を積み重ねて，習慣は子どもの感覚器官を通して獲得することを置き去りにしないで，子どもにも理解できる方法を考えましょう。

排泄の自立まで，どのような経過をたどるのか。

布オムツを使っている園の自立への実践記録を紹介します。

【オムツ〜自立するまで】

毎日決まった時間に決まった大人がオムツを替えることで観察が可能になる。

→開ける度に濡れている。

→濡れていない時がある。

→食事（ミルク）からの時間で，出る時間に少し規則性が見られる。
寝起きに出ていないことがある。

→何となく排尿のタイミングが見えてくる。

→何日も続いたら，そのタイミングで便器に座らせてみる（ごく短時間）。
子どもの反応を観察…下腹部に意識が向くようなら毎日続けてみる。
全く意識が向かなければ，向くように話をしてみたりまた後日試す。
トイレや便器を嫌がるようならしばらくやめる。

→意識して排尿していればオツムを外すことを検討する。無意識に出ていればその時，意識が向くように接する。

→オムツを外したら，よりタイミングが見えるようになるので誘う時間を見直して合わせていく。

→排尿前のサインを見つけられれば，その時に誘い，そのサインと排尿との関連を，感覚として子どもが覚えられるように教える。

→子どもが自分で感覚するようになり，決まった時間に誘っても断るようなら無理に連れて行かないが，集団生活なので行ってほしいタイミングもこちらはもっているので，そのことも理解してもらう。

→失敗することもあるが，溜まった時だけでなく，行っておいた方がいいタイミングで出せるなどができるようになってくる（戸外に出る，食事前又は午睡前）。

→　自　立

【個人の経過記録】

1）男児A　2011.7 生　2012.5 入園（10ヶ月）
　・2012年　　9.20（14ヶ月）　排尿後，股を叩き知らせる。
　　　　　　　9.24（14ヶ月）　午睡明けオマルで排尿。その後，とても
　　　　　　　　　　　　　　　喜ぶ。
　・2013年　　1.30（18ヶ月）　パンツへ移行。
　　　　　　　11.15（28ヶ月）　尿意がない時に排泄に誘うと断る。
　　　　　　　　　　　　　　　午睡時のオムツを外す。
　　　　　　　1.18（29ヶ月）　排尿前に「うんち（おしっこのこと）出
　　　　　　　　　　　　　　　そう」
　　　　　　　　　　　　　　　事前報告をする。
　・2014年　　1.20（30ヶ月）　事前報告をして，トイレで排便。
　　　　　　　　　　　　　　　母親に協力してもらい，登園時に排泄に
　　　　　　　　　　　　　　　行くことで日中のリズムがつくられ，漏
　　　　　　　　　　　　　　　らすことが減る。
　　　　　　　8.20（37ヶ月）　排泄の自立。下痢もトイレでする。

2）男児B　2012.2 生　2013.2 入園（11ヶ月）
　・2013年　　11.12（20ヶ月）　排尿の事後報告をする。排便は大分前に
　　　　　　　　　　　　　　　訴える。
　　　　　　　11.15（20ヶ月）　トイレへ行きたがる。座るとチョロチョ
　　　　　　　　　　　　　　　ロと少量出る。
　　　　　　　12.5（21ヶ月）　座れば必ず出る。
　・2014年　　10.21（32ヶ月）　日中のオムツを外す。
　　　　　　　11.6（32ヶ月）　午睡時のオムツも外す。
　　　　　　　12.19（34ヶ月）　タイミングが合うと，便器で排便をする。
　・2015年　　1.24（35ヶ月）　排便前に便意を伝える。

オムツからパンツに移行して１週間位は，子どもの中に起きている変化を
タイミングよく捉えて，"おしっこ？"と誘います。トイレでの排尿に成功
すると，"この感じの時にトイレに行く"という感覚が子どもの中で結びつ
いて，繰り返すこの数日の学習によって，事前に自分から尿意を伝えること
につながっていきます。

　抱いてオムツの交換に誘う時は"オムツを替えましょう"，トイレに誘う
時も"トイレに行きましょう"と声を掛ける，応えて子どもが差し出した手
を握って連れて行きます（その子とのコミュニケーションを通して）。

　排泄には衣服の脱ぎ着が伴います。子どもの体の動きを感じながら，でき
ないことは手伝い，自分でするようになったことは見ていることで助けます。

　子どもが自分でパンツを履いている時，お腹まで引き上げるのに助けが必
要だったら，間を空けずに子どもの動きと共同して助けます。全体をつなが
った動きの中で手際よく世話をします。介助されながら感覚器官を使って共
同した行為をしたことで，自分でやったという達成感を得ることができます。

　連れて行くところからトイレを出るまでの手順を決めておければ，自ずと
使う道具や置き場所などを使いやすいように用意することができます。

　手洗いの援助方法は，保育者が手洗いの順序性を理解していれば，何を助
ければよいかは子どもの行為が教えてくれます。"手を洗えない"のではな
く，"何ができているのか，何を助けるのか"を考えて鎖の目をつなげます。

❸ 睡眠

（１）睡眠

●自分で眠る　生活日課の確立

・安定した睡眠は日課から

　生まれた時，子どもは寝てばかりいます。急速に広がる脳の神経回路結合
のネットワーク作りのために，眠ることによって脳に栄養分と酸素を送るの
です。

　乳幼児期の睡眠の意味は，脳の発達を促すためで，昼間，遊んだり，動い

たりするのと同じように積極的な営みです。

　子どもの充分な睡眠時間も，子ども自身のよく眠れる状態も，規則正しい日課の中でつくり出されます。１日を多様に愉快に過ごし，充分に頭も体も使った後に安定した眠りがきます。

　子どもの日課は，授乳時間ないしは食事の間隔と関連して定まっていきますが，入園当初の対応が大切です。家庭からの習慣で最初は抱っこをして寝かせる子，家で使っていた布やぬいぐるみを必要とする子もいます。暫くの間，家から愛用の枕を抱えてきた３歳の子は，最初は持ってきた枕に依存して眠り，クラスでの生活に慣れてくると，"持ち込み"の助けがなくても安心して眠れるようになります。むしろ，保育者が"持ち込み"に依存して，必要がなくなったのにいつまでも渡していることがあります。

　ベッドに入ったら，子どもが自分で眠りに入ることを助けます。保育者自身がリラックスした姿勢で見守り呼吸を共にしながら，布団の端を触ってあるいは軽く布団を叩いて子どもの緊張を解くことが必要な子もいます。

　起き上がっても，穏やかな音調で"ねんねするのよ"と繰り返す。その間，子どもは体位を変え，手足を動かし，保育者の様子を伺い，声を出し…眠りにつくまでの"まどろみ"を経てやがて眠ります。

　目覚めたら，もう目を覚ましている子から担当（副担当）が起こしに行き排泄をして遊び場につれて行きます。

　保育者の１人が遊び場にいて子どもを迎えます。中々目覚めない子も無理に起こさず，ざわめく回りの雰囲気で自分から目を覚ます瞬間を捉えて，声を掛けて起こします。

月齢・年齢別の睡眠時間の目安
０〜３ヶ月　…16〜20時間
３〜９ヶ月　…夜12時間〜昼間３〜５時間
９ヶ月〜２歳…夜11〜12　昼間３〜２時間
２〜３歳　　…14時間（内昼間２時間）
４〜５歳　　…12時間（内昼間１〜２時間）
６〜７歳　　…11.5〜12時間
８〜９歳　　…10.5〜11時間

　目覚めてから遊びに戻るまでも手順を踏んで世話をします。いつもと違う

ことが起きても，担任同士が共同してその中で対応できるようにします。子どもは生活の手順が分かっていれば協力します。

④ 衣服を着る・脱ぐ

（1）衣服の着脱

●衣服・履き物の着脱　気温により調節する

　保育園にいる間に衣服の着脱をするのは，排泄の際の脱ぎ着，戸外へ出る，戻る時，午睡をする時です。戸外から戻った時，午睡前と午睡後に衣服を着替える習慣の園もあります。

　子ども達は，気候の寒暖によって着替える，汚れたから着替える，どんな時に何を着たらよいか，季節によって，状況に合わせて学びます。

　衣服・履物の着脱はどのような経過をたどるのかについては，Ｌ・ペルヌー「自分で服を着るまで」を参考にすることができます。

　衣服の脱ぎ着きは，何から始めますか。襟口をつかんで頭から脱ぐのか，袖口を引っ張ってから脱ぐのか，交差した両手で裾を持ち一気に脱ぐのか。子どもはやれることから始めるので，そのやり方を見て，袖を引っ張るのを手伝ったり，やりやすい順序を教えたり，脱いだ服を畳みやすいように広げて，服やズボンの畳み方を手伝いながら，子どもに分かる手順を教えていきます。

　「自分で服が着られるまで」の経過を全体像を描きながら，まだできていないことを喜んで手伝いましょう。

　　　　　　　〈参考文献〉「自分で服を着るまで」ペルヌー『乳幼児期』（朱雀書房）

⑤ 抱き方・手をつないで歩く

（1）抱き方

　小さい赤ちゃんを抱く時には，大人の左手を開いて子どもの首の後ろを支

えてから，右手で子どものおしりを支えます。

　また，抱きかかえる時には，大人の左上腕に（利き手によって右上腕）子どもの顔がくるように抱いて，手の平で子どものお尻を支え，もう片方の手を子どもの体に添えます。しっかりと支えられているが寄りかからない抱き方は，子どもの動きを自由にしてお互いの顔が向き合うようになり，自然にコミュニケーションが始まります。

（2）手をつないで歩く

　子どもをトイレや食事に誘う時，何をするのかをことばで伝えて子どもが返事をするか，立ち上がるか，手を差し出すかの一瞬を待ちます。

　子どもが手を差し出したら，保育者の手（指）を握らせて，子どものバランスや筋肉の状態を感じながら一緒に歩きます。子どもの肘が肩より上がらないようにして，子ども自身が歩くことを支えます。

　連れて行かれるのではなく，自分で歩いて行く満足感が次に続く活動を能動的にします。テンポを共有して移動することです。

　育児の主要な目的は子どもの生理的な必要性を充足することですが，抱き方や手のつなぎ方は子どもの情緒的・身体的発達にかかわっています。

❻ 清潔にすること
（1）鼻をかむ
●鼻水が出たらかむこと

　幼児になっても鼻水を拭くことできても，鼻をかむことは難しく上手ではありません。

鼻をかむことは原則として保育者が行い，片方の鼻を押さえて片方ずつかむこと，かむ時に息を吸うこと，ゆっくりとかんで出すことを教えます。片方ずつ鼻水を出し切った感覚を経験することによって，鼻をかめるようになります。

　　正しい鼻のかみ方　①片方ずつ鼻をかむ。
　　　　　　　　　　　②口から息を吸ってから鼻をかむ。
　　　　　　　　　　　③ゆっくり少しずつかむ。
　　　　　　　　　　　④強くかみすぎない。

（2）片付け

　物には場所があります。使った物は元の場所に戻します。

　使った物を片付けるのは，課せられた義務ではなく子ども自身の必要からです。

　０歳児の頃から，使った物は子どもと一緒に保育者が元に戻すことから始まり，食事前などには持っている遊具を"戻してこよう"，あるいは一緒に戻します。子どもの代行をするのではなく"子どもが片付ける"ことを，どのように手伝うかを判断します。側で見守り，励まし，無理なことは手伝いながら，片付け方のコツ（例えば積木は，同じ形ごとに大きい物から横長に入れるなど）も教えます。時には，自分の片付けが終わった子に"これを棚に戻してくれる"と遊具の片付けを頼みます。頼まれたことをやり遂げた子どもは嬉しそうです。

4　育児のまとめ

❶ 一人一人，子どもそのものを大切に！

　自分は大事にされていると子どもが感じられるのは，担当の子どもを世話する育児の時は勿論ですが，保育室でのどんな場面でも子ども個人と向き合って世話をしたり話をする大人との関係が日常にあることだと思います。

数人での食事・担当の子達と一緒に戸外へ出入りをする時，自分も同じようにして世話をしてもらえるという見通しをもてることで，待つことができるのです。

そのような担当と子どもの関係が，他の子との関係・子ども同士の関係にもつながってクラス感のようなものが形成されて，複数の子がいる部屋の中でも集団に振り回されないで生活することができます。

② 学ぶことにはシステムがある

既に自立して自動化されている大人は無意識にしていることですが，習慣はいくつかの部分行為が鎖のようにつながって形成されます。

例えば"自分で手を洗う"ことは，いくつかの部分行為がつながることによって習慣が形成されます。世話をしてもらいながら子どもが練習して取得することは部分行為です。子どもが洗面台に向かって袖を触ったら袖を上げるのを手伝う，蛇口に手を伸ばしたら手を添えて回す…世話する一つ一つが子どもが自らの感覚器官を使って練習し取得することです。

世話をする保育者は，部分行為がつながった全体像を知り，その手順を実際に使って子どもの感覚器官を通して，手伝い，技術を教え，見守り，習慣の形成を助けます。衛生的に合理的に手を洗える手順・システムの共有をするのです。

慶応大学教授今井むつみ氏は，『ことばの発達の謎を解く』（ちくまプリマー新書）の中で，"子どもが最初に見つけようとするのはシステムの存在""全体が分からなければ要素は学習できない。又，要素が集まらなければ全体は分からない"……。ことばを獲得する道程はあちらこちらにいくように見えるが，体系の中でことばを獲得していると述べています。

初めから，子どもはシステムの中に存在して成長していくのです。

③ 保育室の環境が基礎

"子どもが主体"であることを集団保育の中で実現させるための前提条件

は保育環境です。

　子どもにも分かる機能的な保育室，クラスの日課，安全で使いやすい子どもの必要に応じた遊具や道具を用意しましょう。それらが教育的な力を発揮して保育者と子どもを助けて，子どもの自発的な活動を豊かにし，一人一人に対する世話が可能になって結びつきを深くするチャンスも生まれます。

　使いやすい，居心地のよい保育室にしましょう。

❹ 分散した注目

　2人の子どもの食事の場面です。

　2人を食事が準備された食卓へ連れてきます。1人を椅子に座らせエプロンを着け，手を拭きます。もう1人の子は椅子に手を掛けて見ているか，自分の席に着こうとします。保育者は1人目の子どもに集中しながら，2人目の子の様子に目を配り，うなずいたり合図を送ったりします。世話をするのは一人一人ですが，3人の中で食事への時間が展開されます。それは保育者の分散した注目があるからです。

　部屋から庭に出る時，担当ごとに5〜6人の子と出ることが多いと思いますが，上着を着たり，靴を履いたりする準備が必要です。

　保育者が衣服を入れたカゴを持ち出すと，気がついた子が出口へ寄ってきて，その子から世話を始めます。他の子も来て自分の服や帽子をカゴから出して着ようとします。保育者は世話をしている子に集中しながらその子達の様子に目を配りながら，順に1人ずつ戸外に出る世話をします。

　どのように始まって進んでいくのかを子どもにも分かっていて，保育者の少し広い分散した注目で，「アヒルの母さんとひよこ」のような一時を過ごします。

　最も広い分散した注目を必要とするのは，遊びの場面です。

　これはクラスの担任同士の協調を必要としますが，部屋の中で誰がどこで何をしているかを地図のように捉えることです。クラス全体とその中の個人を見られること，個人に注目して全体に注目をつなげていくこと。うなずい

たり，目で合図したり，言葉を掛けたり，１人の子の遊びを助けたりします。

　保育者が遊びに注目して見てくれていることが，子どものに安心感をもたらします。

　「分散した注目」は辞書に載っていない言葉ですが，保育者にとって大事な能力です。練習することで発達させることができます。

　「１つの遊びの観察」，「２人の子どもを同時に10分間観察する」，「人数を増やして」,「クラス内で見られた遊びを記録しないで10分間観察する→その後，記憶したことを記録する」，また，食事，午睡を見る場面を他の人に観察してもらう，などです。

第 **5** 章

遊び
について

子どもは生まれた時から好奇心をもっていて，身体的な発達，運動機能の獲得によって外の世界を発見しよう，何かを見つけようとする本能があります。例えばすぐ手を出す，這い這いしてそばに行く，手にしたものを口で確かめるなど，自分の周りの環境を知ろうとしています。目に入ったものは何でも口にするのは，神経の末端が集まっているので刺激や情緒を受け入れやすいからです。例えばボール，ガラガラ，叩いた音などの興味深いことに対して，自分でやってみることによって起こる楽しい世界を知ることができたことが喜びとなるからです。そしてそれらに満足したり飽きたりすると，また違う刺激を求めていく。座れるようになれば両手を使って，立てるようになれば柵や台を支えにして壁にある遊具をいじろうとします。

　私たち大人にも様々な刺激があるように，子どもにとっても刺激（情報）は沢山あり，好奇心を抱かせます。これら多くの刺激から自分が興味をもったものに反応していきます。遊び・友達・大人・遊具・その他諸々の環境…その中で恣意的であってもどれかを子どもが選び，それを知ることが喜びとなり，それは感情を伴う体験となります。

　このような，自分の周りの世界を発見し，受容していく行為を繰り返す中に，感覚・知覚から思考に至るまでの認識過程も始まっていると言えます。

　育児をしてもらう中でも子どもは沢山の学習をして，やがては自立していくことを既に私たちは承知していますが，子どもに内在する"成長のエネルギー"が遊ぶという行為を通して，子ども自らを発達させていきます。

　遊びとはなにかについて，ドイツの教育者フレーベルのことばです。

　幼児において人間の発達上最高の働きをなすものは遊戯である。

　なぜ遊戯が最高の働きをなすかといえば，遊戯において，子どもは，内部の必要に応じて自ら自由に活動し，内部的体質を外部に表わすからである。遊戯は幼児がなす所の最も純粋な，また最も精神的な活動である。

　独り人間のみならず，万物の内に隠れている内部的生命の模範である。それゆえ，遊戯はこれをなす者に喜悦，自由，満足，休息，および外界との調和を与えるものである。

（フレーベル著／岩崎次男訳『世界教育学選集9　人間の教育1』明治図書，1960年）

　遊びは子ども自身の自発的で自由な行為です。何が子どもの自由な活動を可能にするでしょうか。

❶ 安心して自由に活動できる保育室

　子どもが自由に遊びに向かえるためには，毎日の生活をする場所をよくすることに勝るものはありません。

①「保育者と子どもの信頼関係」

②充分な場所があること。

　狭い部屋でも落ちついて居られる場所をつくる。

③充分な時間・日課

加えて，遊びに必要な条件は「適切な遊具の保障」です。

❷ 遊具・道具（第2章「年間計画のドキュメント」遊具のリストを参照）

（1）よい遊具の条件

・子どもの年齢（月齢），発達度，興味に合う

・多種の活動が可能なこと

・自分から自由に選択できて，整理して保管できる置き方

（2）基本的遊具

　子どもの発達にふさわしい遊具を揃えるには，まず，どの年齢にとっても必要な基本的遊具から選ぶことをお勧めします。

●基本的遊具

遊具	主な機能	使い方・用途
人形	人間の形・分身	人形の目を見つめる，いじる，持って歩く，抱いて歩く，世話をする→家族にする。
ボール	丸い，転がる	転がす，追いかける。投げる……。
布	形が変わる，柔らかい，包める，まとう	イナイイナイバー，摘む，いじる，かぶる→集める，並べる，包む，たたむ，洗濯する，布巾，家の囲いに。
車	車輪で動く，動かせる	車を握って一緒に動く，構造物の一部，自分で車を作る……。
積木	固い，角形，並べる，積む，何かを造形する	いじる，集める，並べる，積む，何かを積木で構造する。（大型）再現遊びの場所づくり。
容器	入れる，出す，重ねる，並べる	物を入れる出すの繰返し，物を入れて運ぶ，重ねる，広げて並べる，鍋や食器に使う。
入れるもの	例）木製ブロックチェーンリングお手玉……	木製，集める，分類する，見立てる形が変わる，並べる，プラスチック柔らかい，握れる，布製。

　子どもは遊具や道具を通して周りの世界との関係を結んでいきますが，発達に従って遊びの中で遊具の用途が変化していきます。

　1歳後半を過ぎると，器にお手玉や小さなブロックを入れたり出したりかき混ぜたりする機能練習遊びから，器に中身を入れてかき混ぜて"料理"の再現遊びなどをするようになります。同じ頃，机に座ってはめ絵や簡単なパズルなどの発達遊びをするようになります。2歳を過ぎると"料理"や"人形の世話""自分の家"などの再現をする遊びが表れ，段々と本物に近づける遊びに必要なナベや茶碗やお玉や布団など沢山の種類の遊具や道具が必要になります。

　基本的遊具も量や用途が変わっていきます。人形を例にとれば，０歳児で

は使わなくても飾っておく人形（キューピー，おきあがりこぼしなど），タオルで作った柔らかい人形，ぬいぐるみを数個，１歳児はタオルや毛糸製のものを子どもの数ほど，少なくとも10体ほど用意します。後半は世話的な遊びも表れますが，１人の子どもがいくつもの人形を集めたり，並べたりして遊びます。まだ人には譲れない時期ですから１歳児クラスは数が必要です。

　２歳児になれば，人形は世話をする対象になります。今まで世話してもらったことや見てきたことを人形相手に再現して遊びます。小さめのベビー人形，軍足で作った子どもの人形，抱くことのできる動物（サル，クマ），動物のぬいぐるみなど，種類を増やして各２〜５体は必要です。パズル，ゲーム，玉さし，モザイク並べ，メモリー等々，発達遊びの種類も増やします。遊具や道具を選ぶ時には，その遊具や素材が持っている機能を考えに入れます。子どもは新しいものやきれいな色のものに興味をもって飛びつきますが，子どもが繰り返し長く使うのは，その素材に特徴があるものです。前頁表の「入れるもの」の３例は，何度も途中で入れ替えたものは消えて長い間使い続けられています。なぜか？　子どもは，素材の形，機能の特徴を無意識にも選んで遊んでいたのです。きれいだけれどつなげることも重ねることも分類することができない遊具はいじり回して散らかすことになります。

　壁面遊具や積木，10種類以上はある穴落とし，その他多くの遊具に子どもは何を遊ぼうとしているのか，何が喜びにつながるのか，どれも理由があることを遊具を選ぶ時に考えてください。

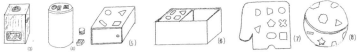

● 「穴おとし」

　物を入れる・出す，１種類の形の出し入れ，形を合わせて入れる・出す，
　形の種類が増える，球形の穴落としを片手で押さえて操作，壁に掛かった穴落としを立って操作する。

（3）運動と遊びと遊具

　どのような遊具や道具が適切なのか，運動機能の発達と遊びとの関係から考えてみましょう。

　表示している写真の例は，特定の個人の経過を追ったものではないので，発達の順が前後していることもあります。何かしている時の子どもの体の動きや姿勢に注目してください。

0歳児クラスから

粗大運動
這う・立つ・歩く

手を伸ばして触る

腹ばいで体を支える

這って物に近づく

洗面器を傾げてなめる

這ってロールクッション越える

物を持って斜面を越える

柵を支えに立つ

8 片手で床にあるものを取る

9 歩けるようになり，
箱を押す

10 引き車を引いて歩く

探索・練習

つかむ・重ねる
入れたり・出したり

11 座れるようになって

12 手を使って遊ぶ

13 台を支えに立って遊ぶ

14 手に体の動きがついていかない

15 ボールを追いかける

1歳児クラスから

粗大運動

移動

16 並べて次の箱に移る

大型ブロックを押して
移動する

洗面器を台にして

太鼓橋に上る，下りる

様々な物，場所を使って

機能練習

集める・分ける
入れたり・出したり

入れたり出したり
同じ形を探す

スコップを使って，
もう１つの容器に移す

人形に布団を掛ける

しゃがんで外れそうな
プッチンビーズをつなぐ

箱に積木を詰める

集める・並べる

コルク積木を並べる

27 容器をつなげて並べる

28 いろは積木を棚に並べる

29 丸く囲った人形を
3つ並べる

見たてる・
再現する

30 料理の再現，容器に物を
入れる

31 材料を切る
2人分を食器に入れる

32 人形を寝かせる

33 3つのキューピーに食事

34 キューピーの身支度

35 布団を重ねる（寝かせる）

高く積む

36 コルク積木を積む

37 積木を高く積む，崩す

38 窓ガラスにいろは
積木を積む

39 積む　建物を作る

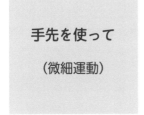

手先を使って

（微細運動）

40 洗濯バサミをカゴに挟む

41 重ねカップを積む

42 チェーンリングを並べる

43 立ってひも通しをする

44 机ではめ絵・パズル

2歳児クラスから

積む・構造する

45

のりものを作り動かす

46

平面的に並べて作る

47

高い建物を作る

48

作りたいものを構築

49

大量の積木を使って構造

発達遊び

構成する・ゲーム

50

しゃがんだ姿勢で絵を
構成する

51

器を洗濯バサミで飾る

52

机でメモリーを遊ぶ

53

小型積木を並べる

同じ動物カードを
つなげて並べる

クレヨンで絵を描く

保育者とカード遊び

再現・世話・
役割遊び

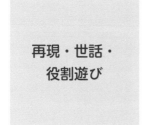

小さい自分の家（囲う）

料理を作る

キューピーに食べさせる

お店屋

医者になり患者を診察

3人の子どもの世話

車で出かける

そら豆の皮をむく

改めて「0～3歳運動発達の進行過程」（セチェイ・ヘルミナ）表を見て
みましょう。

●0～3歳運動発達の進行過程（セチェイ・ヘルミナ）

月齢	協応した眼球の運動	回転－移動運動	細かい運動反応と探索
0～1	光を追う。 動いていない物を注視。	四肢の偶然的で大きな動き。 うつ伏せの時，頭を少し持ち上げる。 同じく頭を少しの間，横にする。	
1～2	動く物を水平に追う。	うつ伏せで。頭を少しの間上げたままでいられる。	
2～3	動く物を縦にやがて丸く追う。	うつ伏せで頭をしっかり支える。 頭を上げる時，姿勢で助ける。	
3～4	物をすみからすみまで見る	持ち上げるのに事前の適応。 あおむけで背骨を伸ばして胴を持ち上げる。	手で遊ぶ。 自分の方に差し出された物にさわる。
4～5	動く物や人間を追う。	首を真っ直ぐにして，支えられて座る。あおむけで腕を支えられ胸を上げる。	見ている物の方に手を伸ばす。手の中に入れられた物を振る。
5～6		うつ伏せで腕を支えに胸を上げる。 あおむけからうつ伏せになる。	見えた物を両手で取る。 30～40秒持っている。 小さい物を持ち上げる。
6～7		支えなしで少しの間座っている。 うつ伏せからあおむけになる。 （うつ伏せで）這う。	2つの物を手に持っていられる。 1つの物を片手からもう1つの手に持ち替えられる。
7～8		支えなしで座る，転がる。 つかまり立ち。	ある物をもう1つの動かない物にたたき合わせる。
9～10		座って遊ぶ。 自立して座れる。 座っていて，這う姿勢になれる。 片手の手だけでつかまり立ち。	親指と人指し指を対向させて物を持ち上げる。

月齢	回転―移動運動	細かい運動反応と探索
10〜12	つかまって立ち上がる。 片手を持って上げれば自立して立つ。 歩く。	何かの中に何かを入れる。 正確な親指と人指し指の対向で，机の上の小さい物を取れる。
12〜15	かなり確実な歩行。 自立してしゃがめる。	3つの物での探索行為。 ボールを転がす。モンテッソーリの塔から輪を外せる。 靴を脱ぐ。
15〜18	しっかり歩く。 階段を這い上る。	モンテッソーリの塔に輪をはめる。（順番なしに）
18〜21	手を持ってやると，階段を下りることができる。やがて上がれる。	ボールを投げる。 靴のひもを外せる。
21〜24	しゃがんで遊ぶ。	ボールをつかまえられる。 大きい穴にひもを通す。
24〜27	自立して階段を上がったり，下がったりする。 上手に走る。	
27〜30	片足で立てる。両足を揃えて跳べる。	
30〜33	つま先で歩ける。一本の線の上を歩ける。	ボタンを外せる。
33〜36	両足飛びで前進する。 片足ずつ階段を上がれる。	ボタンをはめられる。 靴のひもが結べる（ちゃんとではない）。

　寝ている体位から立って歩き出すまで，身体的成長に伴って備わってくる運動機能を使って活動します。あおむけで腕を支えて胸が上げられるようになれば，体を回してうつ伏せになれます。例えば，這って移動しながら座る，這ってはまた座ることを5回も6回も繰り返すなど，いくつもの段階を繰り返し練習して次のステップに上がっていきます。子どもの行為や活動を運動機能が司っています。9〜10ヶ月頃に座って体を支えられるようになると，両手を使って遊ぶようになり，微細運動が発達していきます。そして，安定しない体を台にもたれかけてカップや積木を重ねたり，しゃがむことができないのに片手で体を支えて床にある遊具を取ろうとするなど，獲得したこと

を使ってトライしてみるのです。

　最初の１年間は，這う，立つ，歩くへの粗大運動が主な活動です。

　なによりも子どもがどこに行ってもよい，ヨチヨチ歩いていられる，箱を押すことを喜んで見ていられる，そんな安全で自由な空間が第一条件です。

　遊具については子どもの体と力に合った物，子どもが自分の力を使える遊具が必要です。

　例えば，段ボール箱は押して歩く，出たり入ったり，遊具を入れる出す，引っくり返すなど，主に粗大遊びに使われます。一般的にはリンゴ箱位が丈夫でサイズも適当です。何年も同じ箱に紙や布を重ねて貼った箱は重くて，触った瞬間に重くて動かないことが分かると使いません。華奢な箱は危ないので保育者が管理して使うことになります。子どもの人数によりますが３・４個は必要です。

　布類は，いじる，何かに掛ける，広げる，まとう，引っ張って歩く等が主な行為です。形の定まらない布を摘まむことも，広げることも全身を使う大仕事です。大きめの色々な素材（かたい，ツルツル）で作られている布，持って歩ける長布なども合わせて10枚位を浅い大きめのカゴに入れて，そこから子どもが引きずり出せるような置き方も子どもの活動を広げます。

　かなり自立して歩けるようになった１歳児（クラス）では，盛んに粗大運動をします。移動しながら遊びます。第３章の１歳児クラスの部屋の動線を思い出してください。ここでも子どもの運動の可能性を広げる空間のつくり方が大事です。ベッドの置かれた間を箱を押して歩く，引き車を引く，いくつかの箱を１つずつ運んできて並べる，その上に乗る，物を入れたバケツを持って歩く，ボールを転がして追いかける，大カゴに入り体を揺らす，部屋の中を移動する。太鼓橋に上り下り，トンネルをくぐる。そのような遊具や道具が必要です。

　床に座り込んでいる時も体を使って遊びます。

　親指と人さし指で物をつまめるようになった１歳前後から，機能練習が盛んになります。積木やブロックを集める，容器に入れる，出す，他の容器に

移し替える，手でしていたのをスコップを使って移し替える等々の機能練習遊びを飽きずにしますが，まだ体の動きが細分化されていないので何をするにも身体全体を使い，部屋の中を移動して遊びます。

　物を集めては並べることをします。やがて立って積木を自分より高く積むようになり，積んだ物を崩す，高く積んでは壊すことを何度も繰り返します。

　微細運動の発達が粗大運動の先にあるように，この時期に繰り返される様々な機能練習遊びでの経験は，その先にある再現遊びや役割遊びの力になります。

　容器は両手で持てるような大きめな物を６・７個，少し小さい容器を同じ数，平らな大きめの皿，小さめの皿，重ねたり並べたり，中身を入れたり出したり混ぜたり，並べたり。底の深い物と平らな容器の特徴が子どもの自発的行為を促します。

　集めた色々なものを容器や棚に入れたり出したり，並べます。床に体を預けて長く並べる，立って棚の上やへりに横に並べる。次には集めた積木を手を伸ばして高く積み上げる，崩す，また積み上げることを繰り返します。体幹の発達と運動機能が細分化されたことで，立っても腕や手先を使うことができるようになったのです。まだ立って手先を自由に使えなかったので，床に這うようにして並べるのです。高く積めた喜びを子どもと共有するには，崩れても危なくない軽い積木と空間が必要です。

　子どもの行為や活動を司っているのは運動機能です。獲得した運動機能を存分に使って遊べるサイズと充分な量を必要とするのは，年齢的特徴です。

　人形の世話，料理などの再現遊びをすることも増え，やがて認識過程の発達と共に操作的な遊びや発達遊びをするようになります。木製の簡単な型はめ，全体を構成するはめ絵，玉通し，プラステン等々。子どもが自分でできるレベルのものを選ぶことです。どんどんとレベルは変化するのでどのように遊んでいるのか見て遊具の入れ替えをします。遊具は同じ種類を２つは用意します。２つあれば３人目が同じ物を使いたいと言った時に，話し合える余地があるのです。

2歳クラスになると，再現遊びはますます子ども達のプログラムになります。最初は遊具をいくつもの皿に並べる面白さ，ボールに中身になる物を入れてお玉で混ぜ合わせる喜びから，誰と何を作ろうと目的をもって料理を作る再現をします。調理用のナベやフライパン，お玉，お皿や茶碗等，子どもにとって本物に感じられるサイズの物を選びます。調理器具類は各2つ以内，食器は4～6人分を皿，茶碗，コップ，コップ類がセットになる数を揃えます。本当のように遊びたいのです。

　後半になると，母親や，お店屋，運転手等になって遊ぶ役割遊びも表れますが，大抵は遊ぶ場所を自分でつくるところから遊びが始まります。役割のシンボルになる物（運転手の帽子，エプロン，白衣，聴診器…），場所づくりのために段ボール箱，台，大きめのブロックや積木，敷布，囲いにする衝立などが必需品です。段ボール箱は遊具を入れたり出したり，中に入ったり出たり，押して歩いたりして遊んできましたが，再現遊びではお店の台にもなります。

　積木は，まず基本にする積木がかなりの量必要です。その他に付属として使うカマボコ板やカラー積木，ミニカー，ミニの人や動物，木，建物，交通信号など。小型のレンガ積木はまだ難しく構造するところまでいきません。

　発達遊びは玉通し，洗濯バサミをきれいに何かに挟む，絵のひも通し等々の操作的な遊びと，メモリー，様々なパズル，形を構成するカード遊び，そしてゲームです。それぞれ様々な種類があり，例えばパズルのピース数，木製カードより紙製のカードをめくることが難しい等，少しずつもつ機能が違います。

　大型の運動用遊具については，主に運動機能の発達を基盤に子どもの活動を見てきました。

　その結果，保育者の主導で運動遊びをするより，部屋の中を移動しながら子どもが自発的に始める方が子どもが繰り返し練習をして運動量も多く，子どもが自分でできることにとりつくので安全性が高いのです。朝から太鼓橋に5回近づいて触ったり，登りかけたりして，遂に午後には太鼓橋を登った

のを目にしたことがありまが，子どもが試そうとしていたら見守って，助けてください。

　運動用具には様々な種類があります。その時期に必要としている運動に叶った用具を選びます。長い間使い続けられている運動遊具の例を紹介します。

マット製の階段滑り台

　全身を使って這って登る，下りる。周りを空けてどこからでも使えるように置きます（既製品は体ごと預けて運動するには小さいので倍サイズの特注品）。

太鼓橋

　腰を上げないで，両手で棒をつかみ，足で支えて這うように登り下りします。登った所で座って，体位の向きを変えて滑り台のように下ります。橋の下をくぐるなどします（粗大運動の盛んな1歳児クラス用。立って登れる2歳児クラスは不可）。

トンネルくぐり

（4）遊具の収納

①遊具の置き場

　生活をしている保育室の中で，遊具をどのように置いたらよいでしょう。

　第3章の例3図（0歳児），例4図（1歳児），例1図（2歳児）部屋の平面図を参考にしてください。

　0歳クラスは高い作りつけの棚と遊具棚。

　必要な物を出し入れします。部屋の隅に大きな籐カゴに入れた人形，ボール，ベッドの側には段ボールの箱，手前と窓の下の壁面には布製の遊具や絵が貼られます。部屋のどこにも移動できるオープンな空間です。

　1歳児は，入れたり出したりする容器と入れる物，積木類，人形遊びに使える布や布団類，発達遊び等の遊具の置き場所を決めます。

　遊具を出して棚の前で遊ぶ，棚から遊具を運び出して遊ぶ。遊具の置き場所は決まっていますが，遊ぶのは子どもが遊び出した所です。互いの活動を守るために遊具棚等で仕切って動線をつくる必要がありますが，開かれた空間にします。

　2歳児は，構造遊び，料理を作る再現，家族ごっこ，発達遊びを座ってするテーブル置くなど空間と遊具を置くコーナーをつくること，また，何人かで再現遊びや役割遊びを始めるスペースが必要です。

　仕切られているが閉じすぎないこと。そこに入れば "始めようとするイメージ" を広げられる空間です。

②遊具を収めるカゴ

　遊具を探すことから遊びは始まり，使った遊具を戻すのも遊びのうちです。カゴから遊具を出すためには，手先だけではなく体の動きを伴います。

　カゴは深すぎず，小さすぎないサイズにします。2歳児クラスになれば，料理の材料にするようなものは小型のカゴに分けても扱えますが分け過ぎないことです。布類はふた畳みして平らに重ねて収められるようにします，積木類は並べて収めきる棚や箱のサイズを用意すると片付けやすいです。主要な積木は下段にして，長さが分かるので横長にして収納するように教えます。

　ボール等は大きい深めのカゴや箱に入れておけば，立って取り出して遊びます。人形類の置き方は難しいのですが，床や棚の上に並べるか，大きなカゴに入れておきそこから持ち出せるようにするとよいかもしれません。

　壁面の遊具（立って操作する穴落とし，カーレール，マグネット，手製の遊具等）は，他の遊具と重ならない壁面に，子どもの身長に合わせて設置します。遊び終わったら子どもが片付けるのを助けましょう。見守る，大きい積木から納めるなどの段取りを教える，片付けの一部を引き受ける等，最後に使った物を元に戻せた喜びを子どもと分かち合いましょう。

「セキスイ角カゴ」は大きさ，深さの違うサイズがあります。

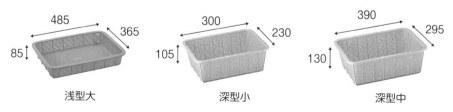

浅型大　　　　　　　　深型小　　　　　　　　深型中

③遊びへのかかわり方

　遊びは，新しい世界を発見し受容していこうとする子どもの自発的活動ですが，大人の助けを必要とします。

　保育者が見ていてくれる，受け入れている，一緒に喜ぶ，相手になる，新たな好奇心を生むための刺激（場所，アイデア，遊具，質問等々）を提供します。子どもは安心して必要と思える時に助けてもらえることが分かると，遊びに向かえます。

　子どもの自立する力が引き出されるのは，自分に関心をもった保育者がいる時に可能になります。遊びの中で子どもは何かの課題を解決することに向けて遊んでいると言えますが，それを理解して助けていくことが遊びを助けることでもあり，子どもの発達を助けることでもあります。それらの遊び中で育ってきた色々な経験の上に，ある課題を感覚・知覚させることにより，子どもの中に自然で柔軟な注意・注目力を形成していきます。

●何を助けるのか

- ・子どもの活動に対して何らかの反応をする

　　見ている，ことばで，視線で，声を出して，誉める…反応する。

　　「上手ね」だけでなく，子どものしている活動に対して具体的にほめる。

- ・子どもがどうしているか，つまずいていても自分で解決できるかを見極める

- ・遊びにかかわっても，子どもがそれを自分で受け入れるかどうかも選べるようなやり方をする

- ・その子と一緒に遊ぶことが必要な時，子どもと視線を同じくして子どもと遊ぶことを楽しんでかかわる

- ・遊びの援助をする

　　新しい遊具を出す。技術的な援助をする。

　　助けてあげるが，子どもがやった成功感を奪わないようにする。

　　子どもは援助を求めているが，忍耐強く見守るだけのこともある。

・トラブルがあった時に援助を差しのべる

　トラブルはある程度事前に防げる。（遊具の量等で）

　トラブルが起きた時，保育者がどのように対応するかをいつも見せている

　と，子どもも段々，受け入れるようになる。

　－落ち着かせる。そうしてほしくないと伝える。

　－他のことに気を移す必要がある場合もある。

　－アイデア，なにか，を提供する。

　－新しい遊具

　－新しい空間をつくる。

　－アイデアを出す（子どもが実行可能なこと）。

・情報の提供

　－本当のことであること。

　－子どもが関心をもっていること。

　－子どもが理解できること。

　－子ども達のもっている経験から出発する。

・クラスのルール（遊ぶ中で段階的にを伝えて子ども自身の習慣にする）

　－テーブルの上には乗らない　－遊具は投げない　－人の使っている遊

　　具は取らない　－人の遊びを邪魔しない　－使った物は元に戻す。

　子どもが要求した時，または保育者が必要と思った時遊びに結びつきます。
また，子どもにとって，何らかの観点から必要がある時に保育者は遊びに参
加します。遊びを見守るのは遊びがうまくいっているという判断に基づいて
見守ります。それは遊びを助ける時も，子どもに向かうこともあります。

　介入が必要なのは，何がの危険がある場合，次に子どもが助けを求めてい
る場合です。助けをを求めているということは，「ちょっと先生助けてよ」
と言っている時だけではなく，子どもの顔に助けを求めていることが明らか
な場合です。だから，何か他の子と戦ってうまくいかなくて助けてほしい，
あるいは何かをほしいと思っている，何かが足りないと思っている，そうい

う時にはすぐに助けを出します。

　葛藤は，保育者がそこに入っていって「どうしてそういうふうにしているの？」と言って，２人の子を両方に分けることによって解決したと思っていることが多いのですが，何が葛藤の原因になったかを知らない限り，葛藤は収まりません。たいていの原因は，小さい子は同じ物がほしくて持っている子から取ろうとすることです。色違いでは受け入れない，あるいは人が使っていたその遊具が子どもはほしいのです。後で使わせてあげようとか，ちょっと待てば青いのが空くとか言っても収まりません。同じ色の物を２〜３個用意すること。そして，試しに，"タクちゃんが使いたいって。貸してくれる？"と相手に頼んでみると，興奮が静まった頃には貸してくれるかもしれません。

　空間的な問題があるような場合は，自分がせっかく作っているのに，誰かが近くを通っていく，他の子が車を引いてその近くを通るなどで遊びを妨げられておきる葛藤です。子どもはまだ動きの共同ができないので，遊び始める時，場所が適当でないことを助言する必要があります。

　自分の中に葛藤がある場合もあります。例えば病気で何日か休んでいて，まだ元の生活に戻れていないなど，まだ気がついていないけれども，病気の前の状況にあって気分が落ち着かないとか，あるいは，その子がいると安心するような仲間が必要な時，また担当が休んだりした場合に，子どもは自分の中に問題があって遊びを始めることができません。そういう時には，遊びをさせようとしたり，あるいは放っておいたりしないで，遊びの状況をつくって，その中に子どもを入れてあげる，そういう助けの必要もあります。

　これに近いことですが，うろうろする子ども，何もしない子どもです。何もしない子というのは，指をくわえてどこかに座り込んで，自分の周りにある世界というものから自分を閉ざしてしまう子どもです。これにはまた，様々なバリエーションがあり，集中して遊んだ後"リラックスして休んで"ぼんやりしていたり，座って集中して遊んだ後に緊張を解くためにうろうろ

と動き回ることもよく見られます。

　今，どの子も遊んでない，もうそこに戻ってこないような遊具は引っ込める，片付けるようにしましょう。なぜなら，それに子どもがつまずくからです。子どもにとって，目に見える物，遊具の１つ１つが，それで何かをしてみようかなという刺激になるのです。余りにも出ているものが不必要に多いと，それのどれでも遊べないということになります。

　遊びを終わろうとしている子には，使った物を元に戻すのを見届け，できない子の片付けは手伝います。１・２歳クラスでは，戻ってきてもう使わない遊具は，子どもに確かめてから片付けます。そこにいる子ども達の遊びを引っ張らないようにします。

●遊びの要素を助ける

　１歳児の後半では，ボールに小さな木製ブロックを入れてお玉でかき混ぜ，容器に移すことで，料理の部分を再現します。

　やがて，材料をナベに入れてコンロにかけて作った料理を何人分かの食器に盛りつける，食器を洗う，拭く，と遊びの要素がつながって本物の料理のように遊びます。

　初期的な役割遊びも見られる２歳児クラスの後半，１〜２人で料理を始めるのですが，機能練習的段階から発展しないことがよくあります。

　“何を作っているの”“お鍋に入れて”“食器を出して並べましょう”とどうするかを言えば，全部その通りにして遊びは発展しません。

　料理という行為は，

　「作る物を決める，材料を選ぶ，洗う，切る，火を付けてナベで煮る（フライパンで炒める），味をつける，火を止める，食器を出して並べる。食器を洗う，拭く，しまう，布巾を洗って乾かす。」……これらの要素を通して形成されていきます。

　それは，“何を作るの”“何が必要かしら”“誰が食べるの”等と聞くこと

で助けることもできますが，効果は限定されます。

　どのようにするかを教えるのではなく，何が料理を形成するかを教える方法として，保育者がお母さんになって，料理をするモデルを演じてみることもできます。ことば，振るまい，包丁さばき，きれいに皿を並べること等をそこで子どもは家族の一員として体験します。

　子ども達の遊び方のレベルに沿って，細かすぎないように，必要だと思った時にだけに行います。この時期の子ども達は，大人のようにできること，丁寧にすることを本当に喜びます。

　世話遊びには何の要素があるか？　何をするかではなく，"料理"のもつ要素をことばで，行為で提供することで，遊びの発表を助けられるかもしれません。

④遊びの種類・特徴

　クラスや個人の遊びの内容を知るために観察をしますが，その観察の結果を「遊びの種類」の観点で分析することによって，クラスまたは個人の課題を知ることができます。遊びの種類の分け方は研究者によって様々ですが，私たちは「遊びの種類と特徴」（次頁）にならって分類しています。

　感覚・知覚からルール遊びまでの過程は，発達の経過を示しているとも言えますが，次の段階に進む時には，再度，感覚・知覚・機能練習が繰り返されます。例えば，料理の再現遊びをする時，最初は中身にする小型ブロックを容器に入れて混ぜたり並べたり，ナベやお玉などの道具を繰り返し使うのが楽しい遊びになります。

遊びの種類と特徴	
・感覚・知覚	
・探索	
・いじり遊び	
機能練習遊び	色々な素材や動きを繰返し練習する。容器に物を入れる，出すことの繰り返し。積んだ積木を崩す，ことばをリズミカルに繰り返すなど。“私”がすることから成立する喜び。
・役割遊び	経験したこと，父母や医者など周りにいる大人，話に出てくること・役の模倣。もう1人の自分になれる喜び。2・3歳児は役より行為すること，作る部分を中心に模倣する（再現遊び・人形の世話，料理を作る－役を引き受けてはいないが母親のしていることを再現する）。
・構造遊び	積木やその他の素材を使って何かを構造する。創造することに喜びがある。
・発達遊び	玉通し・玉差し（手先）・モザイクで形を作る（構成）・パズル（全体⇔部分）カード（同一視，グループ分け……）。
・ルール遊び	運動的なもの（オニごっこ，かくれんぼ）知的なもの（陣取り，カード遊びなど）

　遊びの種類と段階が遊びの中でどのように現れるか。ケレスツーリ・マリア氏の講演記録から紹介します。

　遊びについて様々なコンセプト，考え方があり，従って遊びの理論にも多様なものが見られますが，3歳以下の子どもの遊びについて研究している人は，誰でも遊びの発達を，まず探索，いじり遊びから出発させているばかりでなくこの探索，いじり遊びは遊び以上のものであると定義づけています。

　遊び以上のものであるとは，この最初の時期いじりや探索遊びを通して子ども世界を知っていくことになるからです。狭い意味，具体的意味でのいじ

り，探索遊びとは，子どもが何か物にさわったり，いじったり，観察したり
することです。そういう時子どもはその物を振って音を出し，又，なめるこ
とで味わうことからも，すべての感覚器官を動員して探索し，あるいはいじ
ります。その探索遊び・探索する行為は，決して乳児期だけで終わらず，幼
児期だけでも終わらずに，どんな年齢になっても，知らないもの手にする時
にも必ずこの行為が見られます。

　次に，となり合った種類でもあり，段階でもあるのが機能練習遊びです。
　これを通して子どもは，物とか音とか，空間とかの機能と知り合います。
この両方の遊びの段階は，まだ子どもが1人で行う行為ですが，機能練習遊
びではやや平行遊び的な状況が見られます。この中でも，またその時期だけ
で終わらないものがあります。例えば機能としての空間と知り合うことはず
っと続いていき，幼児ではもっと様々な種類，また幅のあるものに広がって
いきます。

　次の種類でもあり段階でもあるのは，役割遊びです。役割遊びには3つの
段階があって，最初は個々の行為をします。2番目が役をします。3番目が
ルールがあるという段階です。役割遊びの中でもこの段階は幼児になるまで
見られません。子どもはこの遊びをする段階で1人でも遊びますし，また大
人の方向づけも必要とします。大人の役割は，条件を保障するということ，
準備し，確保するということになります。

　子どもが保育者の方向づけを必要としないのは，役割遊びの中の第1の段
階の場合です。まず個々の行為しかしない。粉か何かを掻き混ぜて，何かを
作っているとか，あるいは洗面器の中にお皿を入れて洗っているとか，そう
いう個々の行為しかしません。

　第2番目の段階，つまり役をするということは，そういう個々の段階を子
どもが結びつけ始めます。人形を洗ったら，洋服を着替えさせる，食べさせ
たら寝かせる，というふうにつなげられてくると，母親役を演じ始めたとみ
なせます。この時にはすでに，もう1人の子どもを誘ってくる，連れてくる，
相手として引き入れるということが見られます。一般的に子どもの大部分が

母親役，またはその他の基本的な役をつなげ始めて，それが全部母親のすることである，そういう遊びをするのは，3歳を過ぎてからということです。大抵はこの遊びを通して，他の子どもと仲間関係がつくられていきます。

　役割遊びの第3番目の段階で，ルールがつくられていきます。役割遊びを遊んでいる中で，子どもたちが「ここはこういうふうにしようね」とか「こっちはこっちから入れないのね」とか言ってつくるきめごとです。

　それに対して，わらべうたがそうであったり，その他の体育的な遊びとか，鬼ごっことか，独立した種類としてのルール遊びがあって，それを子どもたちは大人や大きい兄弟から教えてもらいます。役割遊びの中では，自分たちがつくったルールで，自分がそれを守って遊びます。

　次に，色々なものを並べたり，重ねたり，また大きいものの中に小さいものを入れたり，あるいは逆にそれを積み重ねて，塔みたいなものを作ったり，ということが始まります。多く機能遊びと平行したものですけれども，それがだんだんに発達して，後の構造遊び，または組み立て遊びになっていきます。

　1歳以下の子どもの場合には，現実的にそういうことが見られても，構造，ないしは組み立て遊びとは違います。なぜなら幼児の組み立て・構造遊びの特徴は，何かを作ったらそれが役割遊びの中で使われるからです。

　もう1つ，遊びの種類に劇化があります。この中には演じる遊び，人形劇などが入ります。これも乳児ではまだ見ることのできない遊びです。

　乳児期の子どもは，まだ注目を分ける，分散することができませんから，2歳児のクラスでも，最も単純な人形の動かし方，つまり保育者が手足のある人形をもって，それだけが話すようことしかできません。

　以上，遊びの種類と段階の大きなものをお話ししました。

ケレスツーリ・マリア「遊びの段階と種類」1998年講演

---

⑤遊びの観察

　乳児クラスの部屋には，異なった遊びの種類と段階が重なって展開されています。遊びの発達は不均等な形をとり，真っ直ぐには発達しません。ある時は止まるし，ある時は急に前進します。互いに他の種類の遊びを補充しながら表れます。条件をその経過に合ったように工夫しなければ，子どもの発達を本当には遊びが助けられません。

　特に２歳児クラスでは，条件も方向づけもかなり多面的に結合されていて遊びの様々な段階を子どもそれぞれに適切な助けをすることが難しくなります。観察は，今，クラスの主たる遊びは何か，クラスにどんな遊びがあるか，また，何か課題があるかを意識化するために有効な方法です。

●観察①　クラスの遊び　（観察15分間）

　クラスで見られる遊びを番号をつけて記録して（10〜15分間），遊びの種類に分け，どんな遊びが多いか少ないかを分析する。２日間同じ観察をすれば比較することにより更に多くの情報を得られる。

　また，１人の子の遊び記録して，遊びの種類とその遊び方を知る等，その結果，道具が合ってない，数少ない等，原因を知ることもできる。

１）遊びの場面を全て記録　何をしているか。何人で。

２）分析
　　①遊びの場面数　（　　　）
　　②遊びの種類：
　　　機能練習遊び（　　　）　模倣・再現遊び（　　　）　世話遊び（　　　）
　　　役割遊び（　　　）　構造遊び（　　　）　発達遊び（　　　）
　　　その他（　　　）
　　③一緒に遊んでいる人数と関係
　　　１人（　　　）　　２人（　　　）　　３人（　　　）　　４人（　　　）
　　　５人以上（　　　）

④分析

⑤その他に気がついたこと。

　クラスに見られる遊びを平面図に①，②と番号を記し遊びの内容，遊んでいる人数遊びの種類を記録する。

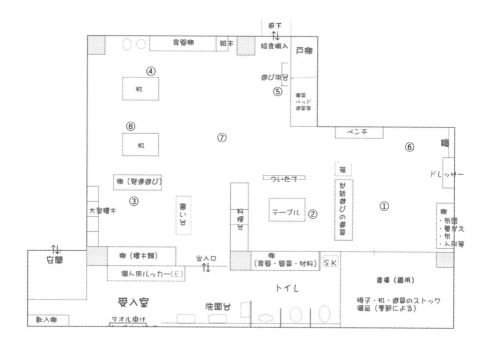

●観察　クラスの遊び

年　　月　　日

クラス（　　歳児）子ども　名（　　歳　　ヶ月〜　　歳　　ヶ月）

No.	場面・行為	人数と関係	遊びの種類											特記
			機能練習	構造	再現・世話	役割	発達	運動	その他	描画・構成	絵本			
1														
2														
3														
4														
5														
6														
7														
8														
9														
10														
11														
12														
計														

●観察② 遊具の観察

観点　遊びに使われる遊具を観察する。

分析　使われている遊具とクラスの遊びの種類の関係を知る。

方法　遊びとそこで使われている遊具を記録する。(15分間)

　　　(記録したビデオを使って観察することもできる。)

＊年齢の違うクラスを観察して，必要とする遊具の違いを比較する等

使っている遊具の分類　　　　　　　　　　　　　　　　　　　　年齢（　　　　）

No.	遊びの場面	人形	車	ボール	容器	入れる中身	布	積木	その他	運動用道具	遊びの種類
1											
2											
3											
4											
5											
6											
7											
8											
9											
10											
11											
12											
13											
14											
15											
16											
17											
18											
19											
20											
	計										

●観察③　個人の遊び

観察日（　　月　日　　：　　〜　　：　　）

観察する対象＿＿＿＿＿（　　歳　　ヶ月）　観察者（　　　　　）

時間	記録	備考

　見たことをそのまま逐一記録する（行為，体の動き，表情，周りへの反応）。観察後，改めて確認したこと，発見したこと，特徴について気がついたことを箇条書きにして，そこから子どもについて分析する。

●観察④　遊びの場面（観察の様式は③と同じ）

　クラスにある遊びの場面を選んで観察する。

　見たことをそのまま逐一観察する。子ども同士の関係，個々の特徴，遊びの内容などが観察される。

【その他の乳児クラスのテーマ別観察】

●観察⑤　子ども同士の状況とコミュニケーションの形成

　クラス内の特定の子どもを選び，他の子どもとの状況とそのコミュニケーションを観察する。

　観察日：　　　　　　　　　　観察時間（　：　～　：　）

観察ノートフォーマット

時刻	観察対象の子ども	相手の子ども	保育者	メモ

分析の視点

Ⅰ　観察対象の子どもの他の子どもとの状況

　1．どのような行動が，何回，他の子に対して向けられていたか？

　　a）相手の子を見る，微笑む

　　b）身体的接触

　　c）体の動き（お互いに向けて）

　　d）発声，話す

　　e）物を通した関係の開始（与える，取る）

　　f）模倣

　　g）一緒に活動する（ボール遊び，のぞき合い，共同の遊びの中で）

　2．他の子どもや大人と関係をもとうすることは何回あったか？

　3．何人の子どもと一緒に活動したか？　特に何回も関係した子がいたか？

　4．関係をもとうとしたのは誰か？

　5．他の子と一緒に活動していた時に，大人の助けが必要となるような状況はあったか？

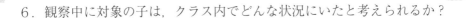

6．観察中に対象の子は，クラス内でどんな状況にいたと考えられるか？

Ⅱ　対象の子どものコミュニケーション

1．どのようなコミュニケーション手段を用いたか？

2．どのコミュニケーション手段を最も多く用いたか？

3．言語能力の発達度はどのレベルにあるか？

4．誰に向けてのコミュニケーションが見られたか？

5．その子の話そうという気持ちに，環境はどのように作用・影響したか？

6．その子の示すサインを，他の子ども達や保育者は理解していたか？

●観察⑥　保育者と子どもの関係

観　点：遊び及び育児の状況で，保育者と子どもの関係，相互コミュニケーションの観察

観察日：　　　　　　　　　　　　　観察時間（　：　～　：　）

観察ノートフォーマット

時刻	保育者		子ども		メモ
	会話	行為	会話	行為	

分析

1．どちらが関係をもとうとしたか？　どのように，どんな状況で？（視線，声をかける）［呼ぶ，体の接触など］

2．なぜ保育者がその子どもと関係をもとうとしたか？　どのような形が最も多かったか（育児，遊び，知識を伝える，誉める，慰める，励ますなど）。

3．保育者が近づいた時，そばにいる時，離れていった時に，子どもはど

んな反応をしたか？（ボディランゲージ，発声，話すなど）

4．なぜ子どもは保育者の方へ向かったか？　どんな時が最も多かったか？（遊び，体の接触，援助を求めて，生理的欲求，何かを伝えたいなど）

5．個人的関係を示す子どもの欲求すべてを保育者が気がついていたか，そしてすべての機会において適切な感覚で反応していたか？

6．一緒にいることについてどんな感情表現があったか？　うれしさ，愛情をお互いに表現していたか？　どのように？

7．保育者がいる時の，子どもの行動，活動性，他の子どもとの関係の特徴は何だったか？

まとめ・結論

1．クラスの中で保育者の雰囲気はどんなものだったか？

2．保育者と子どもの関係で特徴的なことは？

3．子ども同士の関係に対して，保育者はどんな見本を示したか？

4．「担当制」を用いているということが，どんなことから分かるか？

その他保育上気づいたこと，個人的な感想，意見など。

●観察⑦　共同と自立性

乳児の育児行為，自立性，能力発達の援助

観　点：洗面所での育児行為，衣服の着脱，遊び，食事において，どのように子どもの自立を促し，助けているか？

（対象の保育者とその担当の子どもについての観察）

観察日：　　　　　　　　観察時間（　　　：　　～　　：　　）

観察ノートフォーマット

時刻	保育者		子ども		メモ
	会話	行為	会話	行為	

分析

I　洗面所での育児行為における共同と自立性

　1．行為の中で子どもが能動的に参加できる機会があるか？　どんな状況
　　でどのように保育者が子どもへ協力を仰いでいるか？

　2．子どもが自分でやりたいとサインを出す時があるか？　それに保育者
　　はどのような反応をしているか？

　3．どの部分で子どもは自立しているか？　どんな助けを求め，どんな助
　　けを保育者から得ているか？

　4．何について話をしているか？　どちらから話し始めるか？　子どもの
　　質問やサインに保育者は答えているか？

　5．育児行為中の雰囲気はどうか？　子どもにとって，保育者にとって，
　　一緒にいることが喜びを意味しているか？　どんな点からそれが分か
　　るか？

II　遊びにおける子どもの活動性，自立性

　1．自立した遊びとなるように保育者はどうやって助けているか？

　2．どんなことについて，どのような助けを，子どもは保育者から求めて
　　いるか？

　3．遊びの際に子ども同士の対立があったか？　対立をおさめるにあたり，
　　保育者の役割はどんなものだったか？

Ⅲ　子どもの衣服の着脱に関する観察

　1．衣服の着脱の準備と実際はどのように行われていたか？

　2．衣服の着脱の中で，自立への育て方はどのように実現されていたか？

Ⅳ　食事に関する観察

　1．食事の準備はどのように行われるか？

　2．子どもの個人的な欲求・要望に，保育者はどう反応していたか？

　3．食事に関する習慣について，自立した，清潔な食事の仕方の修得について保育者はどのように助けていたか？

まとめ・結論

　1．どのような態度と教育の方法で保育者は子どもの適切な行動の形成を助けていたか？

　2．自立性へ向かう，適切で「うまく着地した」行動の兆しとして，どんなものが見られたか？

経験・
美的活動

　子ども達は，保育園の生活の中で，遊ぶこと，世話をされること，また，
周りにいる人や起きることの経験，保育室の環境や周りの自然からも様々な
影響を受けて成長していきます。

　第2章 p.22「月案」の項に「経験」について計画がされていますが，日常
生活の中で，周りにあることを見たり，聞いたり，触ったりしていることに
より注目をして体験（経験）を豊かにする意図的な活動を用意して，子ども
の中に自然で柔軟な注意・注目力を形成させる機会を増やします。

　室内でも戸外でも，他の子ども達の活動を妨げないかたちで，1人，2人
の子を相手に始め，興味をもって参加してくる子ども達と活動を続けます。

　特に2歳児クラスでは，保育者から提供される"ちょっと違った"活動は
子ども達の成長が要求していることでもありますし，保育者が想像をもって
する活動に子どもは自発的に参加して，大人に対して尊敬の念を抱き楽しみ
ます。

　"経験"にどんなテーマ・材料があるでしょうか。

1　周りの自然・気象事象

風，光と影，空気，天候，樹木，花，草，土，水，太陽……。
・花が咲いたのを見る。しぼんだのを見る。花や樹の名前を知る。香り，一
　番大きい木を探す。草花を摘みビンに生け花をする。落葉を集める（掃
　く）。水に浮かせる。落葉を投げ上げる。咲ききった一枝（雪柳など）を
　取って花を摘む（むしる）。春に咲く花の球根を植える
・大きな樹の周りをゆっくり走り，止まったり，走ったり（2歳児の毎日体
　操）。地面に棒で絵を描く・水で描く。子どもと砂を湿らせて山を作り，

探してきた草花や枝を差して山作り

・天気・曇・雨（降ってきた雨を容器にためる，濡れた，水だ）。寒い・暖かい・暑い。日暮れが早くなった。天気予報

　子ども達の周りに材料は幾らでもありそうです。

　意図をもって，子どもが体験をできる実践をするには，保育者が園・クラスの環境について知っていることで子どもと環境の結びつきが広がります。

　植えられている樹の種類，名称，どんな花が咲くのか。子どもが採ってもよい草花はどれか等々。気象についても興味をもって基本的な知識を得ておくことを前提に，子どもが見ている，感じていることに注目して，質問をしたり教えたりします。

2　美的体験・活動

　幼い子ども達の心も文化にひらかれていて，子どもにとっても美的な経験は"時を深くする"時間です。

　まだ，自分の価値観をもたない子どもは，目立って刺激の強いことや映像やうたに確実に取りついて反応します。

　一方，保育者が言うことば遊びやわらべうたに注目して，音の世界を保育者と共有する時を楽しみます。きれいで手触りがよく，持ちやすい遊具を，子どもは長い間使い続けます。

　美的体験・活動にはどんな機会，場面があるのでしょうか。

　・自然

　・伝承行事（正月，節分，雛祭り，七夕），誕生日，クリスマス

　・絵画・部屋のある家具や飾り・遊具・ふるまい

　・ことば，うた，詩，お話　絵本

　・絵を描く

子ども自身が活動することはまだ僅かですが，園で正月の準備がされる中で，クラスの部屋に小さな松飾りを飾る，絵を飾る，正月を迎えるわらべうたを聞いたりうたって，何時もとちょっと違う体験をします。

その先には，家族で"お参りに行く""お年玉"をもらうということもあるでしょうか。伝承行事は，沢山の美的体験・活動をする機会です。

3 保育者の声とことば

快い保育者のことばは，何よりも子ども達を幸せな気分にします。

1人の人間として子どもを尊重することの始まりは，赤ちゃんの時から子どもと向き合って話すことだと思います。赤ちゃんとのコミュニケーションは「泣き声」を聞き分けることから始まります。お腹がすいているのか，オムツが濡れているのか，どこかが痛いのか，体の具合が悪いのか，抱いてほしいのか…話しかけたり，なぐさめたりしながら不快の原因を探し，それに応えるようにしていきます（生活の時間が合ってなかった，何か家庭での習慣と違っているなど）。このことがうまくいかないと，やがては「泣くこと」が「怒り」に変わっていき，泣き出したら怒り続けるようになるためコミュニケーション能力の発達を困難にします。

0歳児クラスにこそ，コミュニケーションが必要です。安全に過ごさせることが何より保育の使命ですが，その上に，まだ僅かな言語しかもたない子どもとコミュニケーションを絶やさないことで，その子どもの存在を感じさせることができます。こちらを見たら微笑みかえす，声をかける。声を出したら聞く，真似て返す。褒める。顔を使ってあやす（あっぷっぷ，イナイナイバー，アワワワ，頬を膨らめ両人差し指で押さえプッと空気を抜く）。保育者の膝に乗ったら受入れてするままに任せます。抱きしめる？　話をす

る？　あやす？　満足したら子どもは遊びに戻っていきます。

　私達は子どもの世話をしながら子どもに何をしているのかを話したり，泣き出した子どもを抱き上げてあやし，何が不快なのかを推測してことばにします。喃語，子どもの出した声に応え返したり話しかけたりします。ことばは理解できなくても，表情の動きと声の響きを通して保育者の感情を子どもは受けとめ，自分が受けとめられたことを子どもは感じて，泣きやんだり，うれしそうな表情を見せたりします。

　このように小さな赤ちゃんの時から話すことが基本にあれば，子どもとの信頼関係も強められて，保育が楽しく成果のあるものになります。

　一般的にことばも出始め，自己主張の強くなる1歳児は難しい年齢ですが，根気強く一人一人のコミュニケーション能力の発達に注目することができれば，1歳児の「わからんちん」の多様さは，多彩で豊かな楽しさに変わっていきます。

　小さな子どもは情報の多くを，ことばに伴ったメタコミュニケーションによって受けとります。

メタコミュニケーションの7つのグループ

・ミミック（表情，顔の筋肉の動きを通して表れる）

・まなざし（目の表情，視線）

・ジェスチャー（手が表す感情）

・姿勢（体のかまえ）

・距離（距離のとり方）

・匂い

・ミクロ・微細な信号（顔が赤くなる，震える，汗をかく，涙など）

（『保育者のための心理学』より）

　子どもの話が聞けること，子どもにも意見があることを理解すること，そして子どもに分かるように話せる能力を磨いてください。

4 遊ばせあそび，わらべうた

　小さい子ども達にとって，遊ばせあそびやわらべうたをうたってもらうことは，大人にかまってもらえるよい機会です。また，言語的刺激にもなります。

　ありがたいことに，遊ばせあそびをしたり，わらべうたをうたった瞬間に，"わらべうた"は自分たちのものだということを子ども達は理解します。ことばと旋律とあそびと構成が１つになったある像や意味をもった「小さな世界」を子どもは体験することができるからだと思います。

　"チュウチュコッコトマレ　チュウチュウコッコトマレ　トマラニャトンデイケ！"

　すずめ，ここにとまれ，ここにとまれ，とまらないなら飛んでいけ……。快い日本語の語感が描き出すイメージが，子どもと保育者の間でやりとりされます。

　子どもは何度か聞いたうたを，後から何かの瞬間にその時の快さも合わせて楽しそうに繰り返し再現してうたったり，保育者にしてもらったように人形に遊ばせあそびをしたり，時には替え歌もうたいます。

　保育者が沢山のわらべうたの材料をもっていて，自分のものとして子ども達に提供することが，子ども達の創造的な行為を引き出していきます。

　何の曲を知っているのか，どんな曲か，好きな曲，いつでも使える曲はなにかを書き出して自分のリストを作ってみましょう。そして，計画を立てることによって，より曲への理解が深まり創造的な実践案を作れるのだと思います。

　既に出版されている「わらべうた」の本を参考にしたり，職場やサークルで遊んだりうたったりして，自分の財産を増やして使いましょう。

5 ごろ合わせ，詩，小さなお話

　コダーイ芸術教育研究所から出版された『ぺろりんきゅう』を始め6冊の詩のシリーズに，小さい子ども達に言ってあげるのに適当なごろ合わせや詩が集約されています。

　小さなお話は「保育園にお迎えに」など30年余り子ども達に愛されているいくつかの定番がありますので，自分の既知リストを作りましょう。

　計画した時にだけ実践するだけでなく，いつでも言える材料が保育者の中に貯蔵されていることが実践を豊かにしていきます。1年が終わった時にどれ程持ち駒を増やすことができたでしょうか。

　同時に，特に詩の材料については出版されている詩のコレクションにも目を通して材料を探す努力をしましょう。小さい子どもに適当な材料を探すのは難しいことですが，なぜ既に選ばれている詩が子どもにとって素晴らしいものなのかが分かり，保育者の“教養”を高めるために有効です。新しいイメージを得て詩の言い方も変わるかもしれません。

　子どもに作り話をしてあげることにもできます。定番「小さなお話」のバリエーションを作る，昔話の部分を使って子どもの名前を入れて話すこともできます。

　「天気のよい日です。マリちゃんが道を歩いています。すると向こうから男の子が歩いてきました。“マリちゃん急いでどこに行くのですか？”“私はこれからクマさんのところに行くのです”“あーあののっそりしたクマさんですね。私も行きましょう”しばらく歩いて行くと向こうからお姉さんがやってきました。“マリちゃん急いでどこに行くのですか？”……。」

　1歳を過ぎてことばを話し始めた子どもなら，子どものしていることや，外の景色をお話にすることも喜びます。デタラメ話にも子どもは目を輝かせます。“もう一度”と催促されますが，残念ながら二度と同じ話を繰り返すことはできません。

6 子どもの活動

　２歳を過ぎた頃から棒きれで地面に線や丸のようなものを描いたり，大人のノートや紙に，体全体を使ってなぐり書きをするようになります。紙に跡を残すことが面白いのです。絵を描くことも遊びと同じように，子どもの自発的な行為です。保育者は子どもがなぜ絵を描くのか，どのような経過があるのか，「描画の発達」については，セチェイ・ヘルミナ著『保育園での美術教育』（明治図書，pp.36〜44）を参考にしてください。

・絵を描く

　お絵かきセット（既製品）

　机に貼った大きな紙に描く（１人で，何人
　かで）。

　床に広げた紙に描く。

　壁に貼った紙に立って描く（大きい紙・小
　さい紙・長い紙・横長の紙）。

　戸外で−地面に棒で描く−水を入れたジョウロで描く。

　石や葉っぱ，棒で形を作る。

・紙をいじる

　大きい紙（新聞紙半分，包装紙）を半分に裂く。その半分に。その半分
　に。もっと小さく……細長く裂く，包装紙の大き目模様をちぎる。

　ちぎった模様を保育者が大きな紙に貼ってあげる。

　紙を丸める。

　色々な形の紙を床に並べて遊ぶ。

・粘土（小麦粉粘土・おもしろ粘土）

　自由に手を動かせる様にビニールを敷いたテーブルを使う。

　これらのことは，主に２歳児クラスの子ども達とできることです。

　部屋にいる他の子どもの遊びを邪魔しないように，注意深く１人の子ども

あるいは数人の子どもを相手に部屋の一角に用意して，保育者はやり方や画材の扱い方を子ども達と一緒にやりながら教えます。他で遊んでいる子どもも集まってきたら，材料を渡して遊べるようにしますが，場所が必要なものは見ているように言ったり，空いたら呼んであげるから遊んでいるようにして，子どもにも参加の仕方が分かるように説明し，担任同士が協力し合って他の遊びも続けられるようにします。

　部屋の一角に絵を描けるコーナーをつくり，やりたい子が来て絵を描けるように，紙を貼った机を用意することもできます。

　クレヨンや太い色鉛筆は，すぐ取り出して使えるように平たい容器に何色かを入れて共同で使えるように置きます。

〈材料が載っている書籍〉
（羽仁協子・コダーイ芸術教育研究所編）
・『言ってみようわらべうた』
　　1．ぺろりんきゅう　　2．ししの子は
・『ちいさい子とおかあさんのための詩集』
　　1．ミルクをのむとぼくになる
　　2．ちいさいはなびら
・『世界の子ども詩集』
　　1．すみれちゃんももちゃん
　　2．世の中あべこべ
・『これはおひさま』

・『いっしょにあそぼうわらべうた』（明治図書出版）
・『新しい家庭教育の創造　上・下』（雲母書房）
・『子どもと楽しくつきあう365のあそび』シーラ・エリッソン，ジュディス・グレイ作／クロスロード編（クロスロード）

第 **7** 章

書類・記録・点検

1 記録

❶ 保育日誌

　日誌に記録することは何でしょうか。

　出席人数，天候・温度，勤務体制，見学者，修繕や点検，避難訓練が行われたとか，記録としての必要なことを記入します。

　もう1つは，朝，家庭から言われたこと，帰りには園から保護者に伝える必要があることを記録して，家庭と園の連絡を確実にするために必要です。

　そして，その日の保育の内容について記録します。日課を変えたこと，保育内容，遊具を入れ替えたこと等，それから子どもの行動について書きます。朝の様子，遊んでいる時，食事の時，特記すべき発達上の変化…その日にあったことについて詳しく，または感じたこと，考えたことを記入します。

　保育日誌は，その日にどのような保育がなされたか，また，後で記録や経過をたどる必要がある時に，情報を得ることができる記録をします。

　その日の"記録"の部分は日課と保育者が意識的に行ったことは記録として記し，子どものこと，条件を変えたこと，保護者との葛藤等も箇条書きにして記録します。計画的に行ったわらべうたや文学的活動の実践は，計画案のある週案に記録するのはどうでしょうか。

　子どもについては，課題があると感じた時と発達に変化があった時に担当が記録するようにして，その記録を読み合うことで子どもへの理解を共有することができます。日誌を通して園長や主任にも沢山の情報を提供してクラスへの理解を助けます。

　園によって形式は様々ですが，参考例として日誌の形式を考えてみましたが，保育の実際を反映できる率直な記録をして，後で役に立てられるように工夫してください。

●保育日誌の形式の例　　　　　　　　　（左頁）

月　日　（　）	天気		℃	記録　（　　　　）

勤務体制　　　　早（　）中（　）遅（　　）	家庭から伝言
休暇	F　　迎えの時間　6時
出張等	

子ども　　出席　　名
欠席者

予定

	クラスの日課	活動の記録
7　M　登園		
8		
9　お茶を飲む		
雨のため室内で遊ぶ		
10		10:20わらべうた（O）
11　50　食事開始		
12		
1		
2		
3		
4		
5		
6		

家庭への伝言

Y	おつりを渡す
Ki	書類を渡す

区分	記　録	記名
・	食事が11時45分で終わった。	Ko
・	M　初めて尿意を教えた。	
特記		

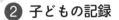

❷ 子どもの記録

1．入園時の記録－面接の記録，家庭訪問の記録
2．児童票
3．生育歴
4．保健の記録
5．発達の経過記録
6．連絡帳（必要な子に）
7．その他に

　入園する時に役所から受けとる書類を始めとして，様々な書類から家庭環境，保育園までの距離，望んでこの保育園に来たのか，健康状態等々，子どもについてたくさんの情報を得ることができます。

　子どもの発達についての記録は，随時，書き記したことから発達の経過を読み取れるように記録して，記録の経過から導き出したことから次への課題を考えます。

＊発達の経過記録　（例として）

　マイバ乳児保育園とその他の資料を参考にある保育園が作成した「発達経過記録」の様式です。

　表紙に，子どもの名前，生年月日，入園年月日，３年間のクラスと担当者と日付を記入する欄を設けます。

発達の経過記録

| 名　前 | | 生年月日 | | 年　月　日 |
| | | 入園月日 | | 年　月　日 |

クラス	年	月	担当者	備考

```
目 次：①家庭訪問の記録
　　　　②家族についての記録
　　　　③発達表
　　　　④子どもの身体状態
　　　　⑤言語の状態
　　　　⑥経過記録
別 記：入園時の面接記録
　　　　生育歴
　　　　保育記録
```

①家庭訪問の記録

	訪問　　　年　月　日
1．家庭の環境	訪問者
2．迎える反応	家にいた人

1．家庭の環境

2．迎える反応

3．子どもに対する態度

4．両親との関係

5．子どもと両親の関係

6．家族のプログラム

7．祖父母との関係

8．家庭と保育園の関係・協力

9．その他気がついたこと

記録（1．〜2．観点について）

②家族についての記録

年　月　日	記　　　録

③発達表

　入園した時に，すでに到達していることは○をつける。家庭からの聞き取りと記録で分かるものは月齢を記入する。入園してからはその都度月齢を記録していく。

172

乳児・発達表

入園時に，既に到達している項目は○をつける。

名　前			生年月日		年　月　日	入　園		年　月　日	
No.		項　　　　目				既・到達した月齢		備　考	
1	音のする方向へ顔をむける。					才	ヶ月		
2	道具を目の前に持っていくと90°まで追視する。								
3	あやすと笑う。								
4	高い音にモロー驚愕反応を示す。								
5	首が座る。								
6	水平追視，たて方向への追視をする。								
7	うつ伏せにすると頭をあげる。								
8	うつ伏せにすると両腕で体を支える。								
9	空中蹴りや床面での交互蹴りや足底すり合わせが見える。								
10	手に触れたものを中指，薬指，小指でつかむ。								
11	手吸い，手かざしをする。								
12	体の正中線上で手絡め遊びをする。								
13	腕で上体を支え胸を上げる。								
14	喃語で応答する。								
15	あお向けで足をつかむ。								
16	うつ伏せで腕で体を上げて背中を反らす。（手掌支持）								
17	物をしっかりと握れる。 握った物は何でも口に持っていく。								
18	見た物に手を伸ばしつかむ。								
19	指を開きつかむ。								
20	顔にかかった布を取る。								
21	顔をじっと見る。								
22	動く人を目で追う。								
23	立位で足を伸ばし，ツンツンする。								
24	寝返りができる。								
25	名前を呼べば，反応する。								
26	片手支持で手を伸ばして道具を取る。								
27	親指と他の4本の指で物をつかむ。								
28	手を返して見る。								
29	落とした物を拾う。								
30	一つの物を片方の手からもう一方の手に持ち替えられる。								

No.	項　　目	既・到達した月齢		備　考
		才	ヶ月	
31	四点支持からよつ這いになる。			
32	腹這いで前進前後する。			
33	手指を目的物に近づけると，親指と他の指を対向する。			
34	反復喃語 マンマ ダダダーを発声する。			
35	人見知りをする。			
36	母親を見つけると声を出す。			
37	自分で座位姿勢をとる。			
38	つかまり立ち，伝い歩きをする。			
39	ホッピング反応がある。			
40	親指と人差し指の対向でつまむ。			
41	手首が使える。			
42	有意味喃語が出てくる。			
43	大人のことばを理解する。			
44	一人歩きが始まる。			
45	因果関係のある遊びをする。			
46	一語文を話す。（ワンワン，あった…）			
47	体の部位を指さす。			
48	指さしがさかんに見られる。			
49	大人の模倣をよくする。			
50	立位から一人で座る。			
51	立位からしゃがむ。			
52	階段を這い上がる。			
53	歩行が自立する。			
54	手すりにつかまって階段を上る，下りる。			
55	２個の積み木を重ねる。			
56	大きなボールを蹴る。			
57	ボールを持ってきてというような簡単な指示が実行できる。			
58	物と結びついた単語が言える。			
59	二語文を話す。（ワンワン イタ）			
60	大人の言った単語を真似る。			
61	排泄の前後報告がある。			
62	しゃがんで遊ぶ。			
63	立ったまま，ぐるりとまわる。			
64	戸外でもしっかり歩ける。			
65	両足でピョンピョン跳ぶ。			
66	なぐり描きをする。			
67	スプーンを使って一人で食べられる。			

No.	項　　　目	既・到達した月齢		備　考
68	友達，家族の名前が言える。	才		ヶ月
69	6個の積み木を積む。			
70	一枚ずつページをめくる。			
71	靴を履く。			
72	真似して○を描く。			
73	大きいボタンを外す，はめる。			
74	大人と一緒に走る，止まる。			
75	大きい，小さいが分かる。			
76	長い，短いが分かる。			
77	「パパ　お仕事　行った」等の三語文を話す。			
78	ボールを受けとめる。			
79	20cm〜30cmの幅を歩ける。			
80	大人の言うことを理解する。			
81	物の置き場所が分かる。			
82	問いを出す。（なんで，どうして）			
83	出来事を話す。			
84	が，に，は，の助詞を使う。			
85	真似して遊ぶ。			
86	友達と手をつなぐことができる。			
87	好きな友達ができる。			
88	模倣遊びをする。（料理など）			

④子どもの身体状態（保健の記録）

身体的に気になること，長期に休んだ時，伝染病に罹った時，などを記録

年　月　日	記　　　録

⑤言語の状態

（満３歳から記録する）

《話すことについて》

　おしゃべり　話好き　必要に際して適している　少ない　質問には答える

《話し方》

　声が大きい　　叫ぶ　　丁度いい　　小さい

　声が　　高い　　普通　　低い

　呼気・吸気のリズム　　強い　　適してる　　苦しい　聞きづらい

　話し方のリズム　　　　速い　　理解できる　　遅い

《語彙》

　割合：大人の模倣　　擬音　　擬造語　　応答　　自発的

　能動：少ない　　適している　　豊か

　受動：少ない　　適している　　豊か

《構音の発達》

　音の脱落（例：ひこうき→コーキ，ままごと→マーゴト）

　他の音に置きかえ（例：これ→コデ，さかな→チャカナ）

　音の位置交替（例：子ども→コモド，アイスクリーム→アイクスリ

《構文の発達》

　一語文　　　二語文　　　多語文

　短い　　繰り返し言う　　　長い

　文が整っている。

　文が倒置している。（例：ノムノ　ミルク　キューピーサン）

　文が支離滅裂

　従属文を使う。（～だから，～する）

《ことばの内容》

　・話を理解しているが，

　　話さない。受け答えはする。よく反応する。　自発的に話す。

　　質問をして理解しようとする。　自分のことを話す。経験を話す。

　　他の子と会話する。

　・話を理解しない。　が，よくしゃべる。

　　会話を求めるが応答がまだ続かない。

　　質問をするが答えを理解しない。

　　大人の質問に全く違うことを言う。

　　あまり話さない。

⑥発達の経過を記録する

_____年

月日	月齢	記　　　録	備考

　発達の経過は，慣らし保育から入園した当初は毎日，子どもについての分かったことや保育者や保育室を受け入れていく様子（表れ・しるし）を記録します。子どものしていることそのままではなく，食事の量の変化や興味を示したこと，慣らし保育で一緒に部屋にいる母親とのかかわり方などの日々の変化することについて。その経過の中で沢山の情報を得ることができますし，課題も見えてきます。

　その後は，（特別なことがあればその都度記録しますが）10日ごと，子どもによっては１ヶ月ごとに，その間の経過を子どもの動き，遊んでいる様子，話していること，他の人に対する反応等，他の子どもとの比較ではなくその子どもの表していることから，前回から変化があったことの経過を記録します。ただし，明らかに退行が見られたり，前回から発達の変化が見られない時には，原因と何が課題かを考えます。

　「発達の経過記録」は子どもの経過を記録して，そのデータから子どもの発達を知ることによって，助けることや必要なことは何かを一人一人の課題を考えることができます。

　①〜⑥をまとめて，一人一人の冊子を作って記録し，児童票，保健記録，その他の書類と合わせて，子どもの成長を見ていきます。

2　保育内容の総括

　年間計画から始まった保育の仕事は，その経過を期末，年度末に評価する必要がありますが，計画と記録をどのように生かすことができるでしょうか。

　既に第2章「計画」ドキュメントに例があげられていますが，月末に月案と実際の仕事を評価→翌月の計画を立てる，各期末にその期の分析と評価をして次期の計画を立てます。計画を見直し修正をしていく経過が，同時に総括の作業も進めていきます。

　年度末には1年間の保育の仕事の総括をしますが，期始めに立てた計画に基づいて簡潔な総括をしましょう。月案に付属した週ごとの"わらべうたの案"とメモを見直せば「成果」と「課題」を読み取ることができます。

　計画したことに比して，何ができたのか，できなかったのか，「わらべうた」は"うたったのは何曲か""実践するチャンスはどういう時にあったか""よい実践がされたしるし""創造的な実践があったか"等々，量として計れるような総括をしましょう。

　たとえ充分でなかったとしても，できたこと，やってきたことを文章化することによって，自分の中に積み上げられたことを確認することができますし，よくなかったことをはっきりさせることによって次への課題につなげることができます。毎日の保育内容に反映されるような具体的な計画が，総括を実質的なものにして，来年度に向けて仕事の方向性をつくり出します。

3　点検のシステム・保育指導

　計画していることが毎日の保育の中でどのように行われているか，技術的な問題についても，自分だけでは仕事の内容をコントロールするのは難しいことです。園長や主任，同僚の点検を受けて，客観的な意見を聞いたり，技術的なことの指導や問題の解決の助けを得られるようなシステムが必要です。

　点検をすること，指導のためにどんな方法があるでしょうか。

　改めて日時を決めなくても，用事で部屋を覗いたり，庭で遊ぶ子どもの様

子を見ることによって，保育の様子や子どもの状態を点検することができます。また，定期的に日を決めて園長や主任に点検に入ってもらい，後で，見たことをもとに話し合いをもちます。予め，見る観点ないしは課題を決めて点検に入る場合もあります。何れにしろ園長・主任が各クラスの保育内容を把握し，保育者や子どもを助ける仕事を保育者と分かち合える仕組みをつくります。

　園長や主任は保育者の指導をするだけでなく，第三者的立場から保育内容や子どもを見られるので有力な助っ人になるはずです。

　何が問題なのか，原因は何か。計画の立て方？　保育室の環境？　遊具が合わない・量が少ない？　日課と保育者の協働？　あるいは技術が未熟……。

　課題によっては，連続して何日かクラスに入って，クラス担任と何を改善していくかを話し合う時に，観点を決めて観察した記録と分析が具体的な提案を引き出します。

❶ 観察

　観察は，観察される対象者も観察する人も"自分の目"を新しくして，物事を見ることを可能にします。

　保育の仕事の一部に位置づけて，年度始めに，クラス又は乳児クラス間で「観察の計画」を立てて，学期末または年度末に成果をまとめるようにします。その他に「子どもが落ち着かない」など保育に問題がある場合も，観察をすることが必要になります。

（1）観察点と分析点を決める

これまでの私達の経験によれば，次のような観察点が考えられます。

A保育の条件
　1．子どもが充分に活動するための客観的条件（空間・道具）
　2．日課の組織について

Ｂ保育者

　　１．子どもにどのようにかかわっているか（１人の保育者）

　　２．育児をする行為　　３．１人の保育者の動き（動線）

　　４．保育者同士の関係　　５．保育者の遊びの助け方

　　６．コミュニケーション能力

Ｃ子ども

　　１．遊びの中で　　２．育児の中で（食事，排泄，着脱）

　　３．運動発達　　４．発達の経過記録の観点により

Ｄ遊び

　　１．遊びの種類，段階　　２．クラスの道具（種類・適当か等）

　　３．１人の子どもの遊び　　４．１つの遊びの内容と経過

　　５．戸外活動での子どもの行為の種類を知る。

　　６．その他，必要に応じて

（２）観察の方法を選ぶ

　一般的に使う観察の方法は次のような種類が考えられます。

（ａ）観察する時間を決め，その間時間追って，<u>予断をもたず観察する対象</u>
　　　<u>の逐一見たことを記録する</u>。

（ｂ）５分，10分ごとなど時間を決め，そこで見られたことを逐一記録する。

（ｃ）ある時間の中で対象が空間の中を動いている動線を観察する。

（ｄ）予め観察する項目を決めて，該当することをカウントする。

（ｅ）分析点がはっきりしている場合には，予めその項目を明記して，分析
　　　点に沿って観察用紙を作り観察する。

（ｆ）その他　　ソシオメトリー（仲間関係）など。

（３）観察をする

　何が知りたいのか（分析点）的を絞って，求めている観察点が導き出され
る観察の方法を選びます。

「保育者の動線」の観察は部屋の平面図に保育者の居場所を黒点で記し，そこからどこへ動いたか線によって表します。「コミュニケーション」等の観察では，予め決めた項目に該当する回数をカウントして統計によって分析する方法が使えます。それ以外の観察の方法は基本的には同じです。時間を追って，目の前にある"対象者"の動きやことばを，先入観や推測を忘れて逐一記録します。

　観察が終わったら，二重線を引いて客観的事実を，観察点に従って分析し，箇条書きにします。観察で明らかになることはどんなことでしょう？　予測した通りだったこと，予想外なことはどんなことでしょう。観察者は分析したことに基づいて報告をします。

　観察の対象になった人に，分析の結果について意見を聞きます。その後で感想を述べ合ったり，その他に気がついたことについて話し合います。

　観察には，観点を記録することができる様式の用紙を作ること，評価でも感想でもなく，見たことをそのまま記録する練習が必要です。

　（観察用フォーマットについては「遊び」の項を参照）

❷ 映像記録を使う

　「観察すること」を絞ってビデオを撮り，観察点に沿って分析します。観察によって何が分かったか，観察された保育者はその結果についてどう思ったか，これからの課題は何か，課題を解決するために何ができるか計画するところまでやりましょう。

　テーマを決めないで撮ったビデオを見る場合は，誰かが事前にビデオを見ておいて見る観点を決めておきます。とにかく見て"言いたいことを言う"ようなやり方は，観察の対象になる人の仕事を正当に評価することができません。

❸ 専門講師の指導

　乳児の保育の実践（内容や技術）について外部から講師を呼んで指導を受

けるのは客観的な立場から点検をしてもらうことができる有効な方法です。

"遠くから来た箒はよく掃く"

　同じ指摘でも，時々来る人に言われると受け入れやすいということが多々あります。講師の役割は原則的には園長や主任の仕事を助けることで，保育内容のレベルを上げることを通して，園長や主任の保育実践を指導する力を強めることがその帰結です。

子どもの問題

　子どもの成長について何か問題がある時，これまでの記録や観察などを使うことができます。子どもの発達について，担任は誰と話し合いをもつのか，誰に助けてもらうかをはっきりさせておきましょう。まずは担任間で話し合い，具体的な解決方法を決めて実行する。それでも解決しない時は，担当する保育者が，主任か園長と相談する。その結果により専門家に相談する等々。問題の内容によっては，園全体で話し合う必要があるかもしれません。

❹ 保育者の自己認識

　"自己認識なしに専門性は発達しない"と言われたのは，マイバ保育園長チペシ・イリさんでした。今ある自分自身を認識して受け入れることなしに，自分自身を進歩させることは難しいことだと思います。

　『最初の3年間』の「第Ⅴ章　教育者の成長と発達」に教育者の意識性と自己認識を発達させるための自分でできる練習（pp.112〜122）がのっています。個人で，クラスの中で，サークルであるいは園長や主任の助けを借りて練習をしてください。

●園内研修の計画・打ち合せ（例）

目的：遊びについて学ぶ・遊びの中の子どもを見て，理解する力を養う

課題：各自の目指す保育目標・子どもの理解・遊びの条件

方法：動画分析・意見交換・グループ討議，報告　　　　　　T保育園

月	課　題	内　容	事前準備・用意するもの
4月	・年間計画について	・各自の目指す保育目標について ・年間保育計画，年間予定の確認 ・観察会日程確認	・年間目標用紙 ・年間保育計画 ・年間予定表
5月	・客観的条件について	・A組動画①　観点：客観的条件は適切か 　大人と子どもの動きから，空間・時間・道具が適切 　であるか確認する。話し合いとグループ討議	・A組動画①（園庭 への出入り，園庭 遊び，室内遊び）
6月	・客観的条件について	・観察会の報告 ・A組動画②　観点：客観的条件は適切か 　行為を書き出し，分析する。前回の動画からの変化 　も踏まえ，グループ討議，報告。今後の見通しを立 　てる ・その他確認事項：保育参観について	・A組動画②（園庭 への出入，園庭遊 び，室内遊び）
7・8月	・遊びの理解 ・遊具について	・観察会の報告 ・各クラスの状況報告 ・B組動画①　観点：遊び　道具を見る 　遊びと道具を全て書き出し，遊び，遊具の種類，置 　き場所，使い方の分析→グループ討議，報告クラス 　の遊びを理解し，条件を整える ・その他確認事項　水遊びのやり方	・B組動画① （クラス全体の遊 びと道具）
9月	・遊びの理解 ・遊具について	・各クラスの状況報告 ・B組動画②　観点：遊び　道具について 　遊びと道具を全て書き出し，クラスの遊びを分析 　分析結果と前回の動画からの変化についてグループ 　討議，報告。→現状を理解し，今後の見通しを立て 　る ・その他確認事項：運動会について	・B組動画② （クラス全体の遊 びと道具）
10月	・子どもの理解	・観察会の報告 ・各クラスの状況報告 ・C組動画①　観点：1人の子どもの遊びを見る 　行為の書き出し。子どもの発達段階を分析し，グ 　ループ討議，報告 　1人の遊びを見て，子どもを深く理解する ・その他確認事項：保育参観，個人面談について	・C組動画③ （1人の子の遊び 7分）

月	課　題	内　容	事前準備・用意するもの
11月	・子どもの理解	・観察会の報告 ・各クラスの状況報告 ・C組動画② 観点：1人の子どもの遊びを見る 　行為の書き出し，報告 　遊びの中の行為から，1ヶ月の発達を分析し，グループ討議，報告 ・その他確認事項	・C組動画② （1人の子の遊び 7分）
12月	・遊びの理解 ・クラスの遊び ・遊びの条件	・観察会の報告 ・各クラスの状況報告 ・Sルーム動画① 観点：遊びの種類 　遊びの種類や人数等から遊びを分析する 　グループ討議，報告 　クラスの遊びの段階を知り，人的・物的条件を整える ・その他確認事項：次年度への見通し	・Sルーム動画① （クラス全体の遊 び15分）
1月	・遊びの理解 ・クラスの遊び ・遊びの条件	・観察会の報告 ・各クラスの状況報告 ・Sルーム動画② 観点：遊びの種類 　遊びの書き出し，遊びの種類や人数等からクラスの遊びを分析する 　前回の動画からの変化も踏まえ，グループ討議，報告→今後必要な条件を考える ・その他確認事項	・Sルーム動画② （クラス全体の遊 び15分）
2・3月	・年間計画について	・観察会の報告 ・各クラスの状況報告 ・1年間の反省　振り返り ・年間計画の見直し・まとめ ・その他確認事項 　園の代表者との会議 　1年間の打ち合わせ内容報告	

第**8**章

保育園と
家庭の協力

家庭と保育園の協力する必要性は"子ども"にあります。

子育てのパートナーとしてしっかりと手をつないで信頼関係を強め，「担任の保育者は自分の家族を受け入れている。家族は保育園を受け入れている」と感じられことが子どもにとって必要なことです。

私たちが家庭と最も共有したいことは，「子どもを人として尊重すること」だと思います。

それは生活の様々な場面にあります。例えば朝，保育園に来て保育室に入る時，微かですが子どもは色々な反応をします。「お願いします」「行ってきます」とそこに置いて行かれるのではなく，保護者が担任に委託していることを確認して自分から部屋に入っていく。食事の際に手や顔を清潔にして「どうぞ召し上がれ」と言われ，子どもはうなずいて食べ始める。子どもと何秒かのコミュニケーションをすることです。何か子どもが受け入れないことがあれば，押しつけるのではなくなぜかを説明すること。

そのような大人として，共に子どもを育てるパートナーでありたいと思います。

子どもの背景にある家庭を理解することと，保育園の理念・内容を知ってもらうための機会を計画して，有効な方法を考えましょう。

1 子どもと家庭を知る書類と機会

・家庭からの書類（出生時の状況・生育歴）など
・家庭の環境（家族構成・教育の姿勢）
・健康記録
・入園時の面接
・家庭訪問（家庭訪問は大切な結び目。自宅で保育者と親が話せることが大切。子どもが家庭での様子を知る。担任2人で訪問する）

・入園時の慣らし保育（家庭から保育園へと環境の変化が与える影響を最小限にするために，５日間位を目途に相談して決める）

　親は，保育の実際を見られる。保育者との理解を深める。

・個人面談　　１）保育者から　　　２）保護者から（必要に応じて）

・登降園時の会話・様子から

・保育参観

・クラス懇談会（保育の様子を知らせる。子ども観，価値観の共有）

・ホームページ　保育園の説明，保育理念，内容について

　その他にも，人間関係の様々な形，ちょっと違った自由な関係をもてる機会をつくり，そのような活動の中で結びつきの可能性を広げます。

　例えば，「１日１組の参観日」，「季節を楽しむ会・庭で芋煮会」，「庭の日－親に庭の整備の協力を依頼する」等々。

　既にある家族が参加する園行事を見直してみれば，コミュニケーションの可能性が広がるかもしれません。

2　家庭とのコミュニケーション

　何かトラブルが起きた時，当面の問題は解決できたとしても，ほとんどの場合，トラブルで傷ついた気持ちはお互い，後に引きます。その解決を助けるのは親と園の信頼関係です。親と園の信頼関係が薄いと，問題を解決しようとする間に不信感ばかりが先にたって，問題はそっちのけでどんどん互いの信頼が失われていき，ますます解決を難しくしていきます。様々な機会を利用して，親とのコミュニケーションの糸を太くすることを心がけます。

　ａ）保育内容を充実して，安心して預けてもらえるようにする。

　ｂ）親の個性，事情に想像性をもって対応すること（保護者を一括りにして対応しない。一人一人違う）。

　ｃ）特別難しい親の場合は，同僚や園長がその理解を助け，受け入れることを助けると共に，個人的接し方の具体的な方法を提案したり，一緒

に考えたりする。

d）常に率直に親と対する。言葉と行為が矛盾しない（信憑性）。

必要な時にはきっちりと会話をする。

e）園やクラスで，親の負担になっていることを見直す。

・家庭から持ってくるものは忙しい親達の負担を軽くするために，園では用意できないものだけにする。親だから子どもの物を用意するのは当然？ "愛情" の印として強要しない。

・お便り－園やクラスの様子や予定を書いたり，協力をしてもらうこと，また，何かテーマを決めて書くというのが主な内容。内容によっては「お便り」も親にプレッシャーになることもある。伝わらないことがあったら，個人的に話をして相談にものる。

・簡単なお知らせは掲示して「質問してもらう・答える」型にして，コミュニケーションのきっかけをつくる。

"相手のことをよく知ろうと努めること，理解すること，第一印象のままでなく，その人をあるがままに知ること" から。

〈参考文献〉

『保育所保育指針〈平成29年告示〉』（平成30年4月）厚生労働省編，フレーベル館（2017年）

『乳児教育と育児の国定基準プログラム』ハンガリー国定プログラム（2008年）

『子どもの夜ふかし　脳への脅威』三池輝久著，集英社新書（2014年）

『ことばの発達の謎を解く』今井むつみ著，ちくまプリマー新書（2013年）

『乳幼児の遊びと育児：ケレスツーリ・マリア講演集』ケレスツーリ・マリア著，コダーイ芸術教育研究所編，雲母書房（1988年）

『世界教育学選集9　人間の教育1』フレーベル著／岩崎次男訳，明治図書出版（1960年）

『教育と教育者の責任』ケレスツーリ・マリア著／コダーイ芸術教育研究所（1982年）

『新訂　乳児の保育・幼児の保育』コダーイ芸術教育研究所著（1990年）

『最初の3年間』セチェイ・ヘルミナ著／羽仁協子・サライ美奈子訳（1999年）

『ハンガリー保育園における美的教育』ハンガリー国立教育研究所／コダーイ芸術教育研究所訳（1972年）

　　　　　　　　　　　（以上4冊はコダーイ芸術教育研究所編・明治図書出版）

おわりに ・・・・・・・・・・・・・・・・・・・・・・・・・・・・・・・・・・

　2006年に出版した『乳児保育の実際』は22刷を重ね，たくさんの方に使っていただきました。新しい『乳児保育の実際』は，この間に乳児担当の保育者研修を継続して積み重ねられた経験と，たくさんの保育の実践と，その実践を指導する過程で学んだことを通して，明らかになったことをまとめました。

　「子どもは主体」ということが，やっと実践の中で動き出しました。

　子どもを大事にして可愛がる，親切にすることは，もちろん保育者に求められることですが，子どもが本当に要求していることは，人としての"存在"を認めることからだと気づかされたのです。

　これまでの実践経験から，集団の枠の中で保育室，日課などの保育環境について，また，保育者のリーダーシップと子どもの自由な行為の関係について，ゆっくりですが保育者の意識は変わり始めているように思います。

　思いがけなく，小室志織さんに保育実践の経過記録を提供していただき，内容を実践者に近づけることができたかと思います。

　1970年代から，継続してハンガリーからお呼びした先生達に，研修と保育指導を通して，保育について多くを学びました。その度にほとんどを羽仁協子さんによって通訳，翻訳された講演記録や文献を読み直して，今，やっと私達が実践をする中で理解し始めたことが，既に40年余り前から話されていたことに驚きました。乳児も"みんな一緒にする"保育の渦中にいた当時の私達に，"子どもは主体"の立ち位置から，保育理念や有効な方法論を講義してしていたことが分かりました。

　そして，毎日，忙しく小さい子ども達を世話をしている保育者達との実践を共有したこと，たくさんの方々の仕事の助けられてこの本はできました。

　なぜか，"本質"を理解して行動で示す子ども達に，何度も背中を押してもらいました。みなさんに心より感謝いたします。

コダーイ芸術教育研究所　和地由枝

【著者紹介】

NPO法人　コダーイ芸術教育研究所

（こだーいげいじゅつきょういくけんきゅうじょ）

〒116-0013　東京都荒川区西日暮里2-53-5
　　　　　　　ニューハウス西日暮里202
☎　03-3805-2246
ホームページ　http://www.kodaly.tokyo

新訂　乳児保育の実際

その子とのコミュニケーションをとおして

2023年9月初版第1刷刊	©著　者	NPO法人　コダーイ芸術教育研究所
2024年6月初版第3刷刊	発行者	藤　原　光　政
	発行所	明治図書出版株式会社

http://www.meijitosho.co.jp
（企画）及川誠（校正）杉浦佐和子・吉田茜
〒114-0023　東京都北区滝野川7-46-1
振替00160-5-151318　電話03(5907)6703
ご注文窓口　電話03(5907)6668

＊検印省略　　　　　組版所　株式会社アイデスク

Printed in Japan　　　　　ISBN978-4-18-320032-7
もれなくクーポンがもらえる！読者アンケートはこちらから　
→